Marcel Schindl

# Der Rechtsstatus der BRICS aus russischer Perspektive

Marcel Schindl

# Der Rechtsstatus der BRICS aus russischer Perspektive

## Eine Staatenvereinigung oder bereits eine Internationale Organisation?

Lehrbuchverlag

**Imprint**



Cover image: www.ingimage.com

Publisher:
Der Lehrbuchverlag
is a trademark of
International Book Market Service Ltd., member of OmniScriptum Publishing Group
17 Meldrum Street, Beau Bassin 71504, Mauritius

Printed at: see last page
**ISBN: 978-620-2-49049-8**

# Inhaltsübersicht

## Abkürzungsverzeichnis

| | |
|---|---|
| Abs | Absatz |
| AEUV | Vertrag über die Arbeitsweise der Europäischen Union |
| Art | Artikel |
| ASEAN | Association of Southeast Asian Nations (Brunei, Kambodscha, Indonesien, Laos, Malaysia, Myanmar, Philippinen, Singapur, Thailand, Vietnam) |
| BIP | Bruttoinlandsprodukt |
| BRIC | Brasilien, Russland, Indien und China |
| BRICS | Brasilien, Russland, Indien, China und Südafrika |
| bzw | beziehungsweise |
| CEO | Chief Executive Officer/Geschäftsführer |
| CRA | Contingent Reserve Arrangement |
| e.g. | exempli gratia/zum Beispiel |
| EG | Europäische Gemeinschaft (Vorläuferorganisation der EU) |
| etc | et cetera/und die übrigen |
| EU | Europäische Union |
| EUV | Vertrag über die Europäische Union |
| f | folgend |
| ff | folgende |
| FN | Fußnote |
| G6 | Gruppe der Sechs (Deutschland, Frankreich, Italien, Japan, Vereinigtes Königreich, USA) |

| | |
|---|---|
| G7 | Gruppe der Sieben (Deutschland, Frankreich, Italien, Japan, Kanada, Vereinigtes Königreich, USA) |
| G8 | Gruppe der Acht (Deutschland, Frankreich, Italien, Japan, Kanada, Vereinigtes Königreich, USA, Russland) |
| G20 | Gruppe der zwanzig wichtigsten Industrie- und Schwellenländer (Argentinien, Australien, Brasilien, Deutschland, EU, Frankreich, Indien, Indonesien, Italien, Japan, Kanada, Mexiko, Russland, Saudi-Arabien, Südafrika, Südkorea, Türkei, Vereinigtes Königreich, USA, Volksrepublik China) |
| GDP | gross domestic product (= BIP) |
| i.e. | id est/das ist bzw sind |
| I.O./IO | International Organization/Internationale Organisation |
| IBSA | Indien, Brasilien, Südafrika |
| IBRD | International Bank for Reconstruction and Development/Internationale Bank für Wiederaufbau und Entwicklung |
| ICPD | International Conference on Population and Development |
| IGO | International Governmental Organisation |
| ILO | International Labour Organisation/Internationale Arbeitsorganisation |
| IMF/IWF | International Monetary Fund/Internationaler Währungsfonds |
| INGO/NGO | (International) non-governmental Organisation/(Internationale) nichtstaatliche Organisation |
| $km^2$ | Quadratkilometer |
| KSZE | Konferenz über Sicherheit und Zusammenarbeit in Europa |

| | |
|---|---|
| MERCOSUR | Mercado Común del Sur/Gemeinsamer Markt des Südens (Mitgliedstaaten: Argentinien, Brasilien, Paraguay, Uruguay, Venezuela; assoziierte Staaten: Chile, Bolivien, Peru, Kolumbien, Ecuador, Guyana, Suriname; Beobachterstaaten: Neuseeland, Mexiko) |
| MoU | Memorandum of Understanding |
| NDB | New Development Bank/Neue Entwicklungsbank |
| OSZE | Organisation für Sicherheit und Zusammenarbeit in Europa |
| PartNIR | Partnership on New Industrial Revolution |
| pc | Percentage (Prozent) |
| RN | Randnummer |
| sog | sogenannte (-r, -s) |
| SZO | Shanghaier Organisation für Zusammenarbeit |
| UN/VN | United Nations/Vereinte Nationen |
| UNESCO | United Nations Educational, Scientific and Cultural Organisation/ Organisation der Vereinten Nationen für Bildung, Wissenschaft und Kultur |
| US/U.S./USA | United States of America/Vereinigte Staaten von Amerika |
| usw | und so weiter |
| UNSC | United Nations Security Council/UN-Sicherheitsrat |
| WTO | World Trade Organization/Welthandelsorganisation |
| zB | zum Beispiel |

# 1. Einleitung

Brasilien, Russland, Indien, China, Südafrika – fünf Länder, die geographisch betrachtet auf dem Globus verstreut liegen. Auf den ersten Blick scheint sie nur wenig bis gar nichts miteinander zu vereinen. Dennoch wurde die Ländergruppe im Jahr 2001, damals ohne Südafrika, von einem renommierten Chef-Ökonomisten mit dem Akronym BRIC zusammengefasst. Damit sollte das enorme Potential der einzelnen Mitglieder in wirtschaftlicher Hinsicht auf den Punkt gebracht werden. Es folgten erste Gespräche, ehe die Zusammenarbeit immer mehr an Fahrt aufnahm und zu einem ersten Gipfeltreffen der Staatschefs im Jahr 2009 führte. 2011 folgte Südafrika dem Ruf der Gruppe und komplettiert seit diesem Zeitpunkt die Ländervereinigung. Die BRICS in heutiger Form gibt es also seit mittlerweile rund acht Jahren. In dieser doch recht kurzen Zeit hat sich einiges verändert, denn die strategische Partnerschaft ist im Laufe der Zeit stetig intensiviert worden. Es sind im Laufe der Zeit Schritte zu einer Institutionalisierung der Zusammenarbeit unternommen worden. 2019 basiert die Kooperation der BRICS auf einem verwurzelten Netzwerk von gemeinsamen Projekten, Vorhaben und Aktionsplänen. Trotzdem zeichnet sich die Gruppe durch ein Maß an Flexibilität und einer gewissen Dynamik aus. Gleich vorweg muss betont werden, dass es sich bei der BRICS um eine neuartige Form der Zusammenarbeit handelt. Genau das macht den Reiz und die Spannung dieser Kooperation aus.

Zehn Jahre nach dem ersten Gipfeltreffen im russischen Ekaterinburg ist diese Arbeit der Frage gewidmet, welcher rechtliche Status dem System BRICS aus völkerrechtlicher Sicht zukommt. Insbesondere soll untersucht werden, ob es sich bei ihr mittlerweile um eine Internationale Organisation handelt. Speziell soll diese Frage aus russischer Perspektive näher beleuchtet werden. In Russland hat die Arbeit im BRICS-Format stets hohes Ansehen genossen, das Land gilt als treibende Kraft bei der stetigen Weiterentwicklung dieser Kooperation. Bevor die genannte Forschungsfrage im Mittelpunkt steht, werden in einem Einleitungskapitel Geschichte, Aufbau und Hintergrund der BRICS genauer untersucht. Ein umfassendes Verständnis für die Gruppe ist entscheidend, um ihre besondere Charakteristik und Einzigartigkeit in weiterer Folge gut nachvollziehen zu können. Danach wird die Organisation aus rechtlicher Sicht unter die Lupe genommen. Einerseits wird dabei auf die innere Struktur und Funkitionsweise näher eingegangen, andererseits auf ihre Prozesse der Rechtsetzung. Der Hauptteil der Arbeit befasst sich mit der Analyse, ob es sich bei der BRICS um eine Internationale Organisation handelt. Dazu wird in einem ersten Schritt erläutert, wie sich das Wesen der Internationalen Organisationen in der Vergangenheit verändert hat und durch welche Besonderheiten sich eine solche generell auszeichnet. Dabei kann allerdings kein Anspruch auf Vollständigkeit erhoben werden, denn das globale System der Internationalen Organisationen ist mittlerweile komplex und unübersichtlich. Vielmehr galt es, typische Eigenschaften und Merkmale herauszuarbeiten und anhand praxisnaher Beispiele zu veranschaulichen. Dieser theoretische Teil wird dann mit der BRICS in Verbindung gebracht. Zentral wird es um die Untersuchung gehen, ob sie alle Elemente erfüllt, um als Internationale Organisation klassifiziert werden zu können. Dabei wird auf potentielle Problemstellungen näher eingegangen und erläutert, warum die Gruppe nicht mit Organisationen im klassischen Sinn verglichen werden kann. Ebenfalls werden jene Institutionen genauer analysiert, die von der BRICS ins Leben gerufen worden sind. Den Abschluss bildet ein Ausblick auf die Zukunft, wobei untersucht wird, welche Entwickungsmöglichkeiten für die BRICS bestehen und was in Zukunft dazu beitragen kann, die Stellung und Akzeptanz der Vereinigung zu verbessern.

Literaturmäßig findet sich zur BRICS eine fast schon unüberblickbare Vielzahl an Publikationen, Veröffentlichungen und Beiträgen. Die Themen dieser Werke variieren stark, weshalb sich zu nahezu allen wichtigen Fragestellungen literarische Quellen finden lassen. Ein bunter Mix aus alldem stellte die Grundlage für diese Arbeit dar, um das komplexe Konstrukt anschaulich darstellen zu können. Durch die parallele Verwendung von deutscher, englischer und russischer Literatur wurde versucht, einen möglichst umfangreichen, neutralen und ausgeglichenen

Gesamteindruck zu gewinnen und darauf zu achten, eine breite Vielfalt an Meinungen und Eindrücken einfließen zu lassen. Die BRICS polarisiert und das Wirken der Organisation sorgt für Aufsehen. Daher ist es nicht vermessen zu behaupten, dass dieses Länder-Konstrukt ganze Bücherschränke füllt. Interessanterweise wird auch von Seiten der Gruppe selbst viel veröffentlicht. Jährliche Berichte, die teilweise mehrere hundert Seiten umfassen, analysieren aktuelle Entwicklungen, die Umsetzung von Maßnahmen und geben detaillierte Einblicke darüber, wie der interne Mechanismus funktioniert. Die BRICS setzt dabei voll auf Transparenz, stellt interne Ländervergleiche an und zeigt Unterschiede auf. Spärlich gesät ist hingegen die Literatur zu der in dieser Arbeit zentralen Fragestellung, ob die BRICS eine Internationale Organisation ist. Genau das führt zur schwierigsten Aufgabe, die es zu bewältigen galt. Das Fehlen einer umfangreichen literarischen Grundlage machte es notwendig, in einer Gesamtbetrachtung aller Umstände Argumente zu finden, die eine konkrete These stützen und vice versa jene Argumente herauszufiltern, die diese entkräftigen könnte. Auf Basis dieser Ergebnisse galt es dann abschließend zu einem Ergebnis zu kommen, das auf einer fundierten Argumentation beruht, plausibel, nachvollziehbar sowie in sich schlüssig ist. Dass es aus völkerrechtlicher Sicht wohl auch andere Lösungsmöglichkeiten gegeben hätte, soll an dieser Stelle erwähnt sein.

Im gesamten Verlauf dieser Arbeit wurde versucht, aktuelle Tendenzen gebührend zu berücksichtigen und auch dem Umstand Rechnung zu tragen, dass das System der Internationalen Organisationen durch die Technologisierung und Globalisierung in den letzten Jahren einem starken Wandel unterzogen worden ist. Dass dabei anormale und neue Strukturen und Formen entstehen können, scheint wenig überraschend zu sein. Diese Entwicklung sollte beim Lesen stets im Hinterkopf behalten werden.

## 2. BRICS im Überblick

### a. Entwicklung und Bedeutung

Mit dem Akronym BRICS wird die Zusammenarbeit der fünf Länder Brasilien, Russland, Indien, China und Südafrika abgekürzt. Ihren Ursprung hat diese Abkürzung in einem Bericht von Jim O´Neill aus dem Jahr 2001.[1] O´Neill war zum damaligen Zeitpunkt Chef-Ökonomist bei dem renommierten Investmentbanking- und Wertpapierhandelsunternehmen Goldman Sachs.[2] Mit der von ihm eingeführten Abkürzung BRIC fasste O´Neill die vier aufstrebenden Volkswirtschaften der damaligen Schwellenländer Brasilien, Russland, Indien und China zusammen.[3] Sein Hauptziel war es, Investoren weltweit auf diese vier Volkwirtschaften als Finanzierungsmöglichkeit aufmerksam zu machen und sie als Investmentziel attraktiv zu machen.[4] O´Neill verdeutlichte in seinem Bericht, dass diese Länder in Zukunft aufgrund ihres Potentials und Entwicklung in wirtschaftlicher Hinsicht an Einfluss und Wichtigkeit gewinnen werden. Er sagte voraus, dass innerhalb der nächsten zehn Jahre die Bedeutung der BRIC, in erster Linie aber von China, steigen wird und diese Länder durch ihre finanzpolitische und wirtschaftliche Ausrichtung zu wichtigen Marktteilnehmern aufsteigen werden.[5] Die Prognose zielte darauf ab, einerseits Investitionsmöglichkeiten aufzuzeigen und anderseits zu veranschaulichen, welche Länder aufgrund ihres Potentials und ihrer Entwicklungsmöglichkeiten in Zukunft als Kooperationspartner für die Industriestaaten attraktiv werden können: „Now an alliance, a phenomenon and even an economic mechanism - BRICS at first was just an acronym, a marketing trick, intended only for the sale of intellectual products to US businessmen, which also applies to the choice of the countries included in this

---

[1] *J. O´Neill*, Building Better Global Economic BRICs, London, 2001, 1 <https://www.goldmansachs.com/insights/archive/archive-pdfs/build-better-brics.pdf> (12.03.2019).

[2] *S. Keukeleire/B. Hooijmaaijers*, The BRICS and Other Emerging Power Alliances and Multilateral Organizations in the Asia-Pacific and the Global South: Challenges for the European Union and Its View on Multilateralism, 582, in Journal of Common Market Studies, 3/2014, 582-599.

[3] *J. O´Neill*, (FN 1), 1ff.

[4] *J. Kärkönen*, BRICS as a new power in international relations?, 85, in Geopolitics, History, and International Relations, 2/2014, 85-104.

[5] *J. O´Neill*, (FN 1), 1.

group."[6] Die Vorhersagen und Erwartungen von O'Neill traten ein und die Vereinigung BRIC wurde innerhalb kürzester Zeit zu einem erfolgreichen Player auf dem internationalen Weltmarkt. Seit Beginn des 21. Jahrhunderts haben verschiedene Wissenschaftler und Internationale Organisationen Interesse an einer Zusammenarbeit und langfristigen Entwicklung der BRICS gezeigt, dazu zählen neben Goldman Sachs auch die UN sowie die Weltbank.[7] Alle Untersuchungen sind zu dem Schluss gekommen, dass jedes einzelne Mitglied der Organisation einen wirtschaftlichen Aufschwung erfahren wird und an Bedeutung dazugewinnen wird. Bei den Industrienationen sollte dies dazu führen, an einem Konzept für eine mögliche Kooperation zu arbeiten, um von dieser positiven Entwicklung ebenfalls profitieren zu können. Dabei darf nicht außer Acht gelassen werden, dass es einige Zeit dauerte, bis die vier Länder Gespräche zu einer gemeinsamen Zusammenarbeit aufnahmen. Das war ein erster wichtiger Schritt, um die Entwicklung einer bis dato informellen Gruppe einiger Staaten einläuten zu können. Die Idee, auf der Grundlage des gemeinsamen Entwicklungspotentials eine gemeinsame Vereinigung zu bilden, nahm 2006 Fahrt auf, als es auf Initiative der Russischen Föderation im Rahmen der UN-Vollversammlung zu einem ersten gemeinsamen Treffen der Außenminister dieser Länder kam.[8] Ab diesem Zeitpunkt wurde damit begonnen, die öffentliche Zustimmung für eine strategische Partnerschaft zu gewinnen und Vorbereitungen für weitere Entwicklungsschritte zu setzen. Nach weiteren Treffen und einer Intensivierung der gemeinsamen Gespräche über die geplante Zusammenarbeit wurde als vorläufiger Höhepunkt im Juni 2009 im russischen Ekaterinburg das erste gemeinsame Gipfeltreffen der Regierungschefs abgehalten. Das Treffen der Regierungschefs 2009 war der erste von zehn[9] jährlich abgehaltenen Summits, zuletzt hieß 2018 Südafrika die restlichen Mitgliedstaaten als Gastgeberland willkommen.

---

[6] *C. Starciuc*, The Importance of the BRICS Group in the International Economic System, 59, in "Ovidius" University Annals, Economic Sciences Series, 2/2018, 59-63.
[7] *C. Starciuc*, (FN 6), 60.
[8] *S. Mallavarapu*, BRICS: Hoffnung auf eine gerechte Weltordnung – Essay, <http://www.bpb.de/apuz/173791/hoffnung-auf-eine-gerechte-weltordnung> (14.03.2019); *C. Starciuc*, (FN 6), 59.
[9] Stand: März 2019.

Zum Zeitpunkt 2009 konnte man BRIC als eine Vereinigung zentral gelegener und territorial weitläufiger Mächte beschreiben.[10] Im Rahmen dieses Gipfeltreffens wurde ein erstes gemeinsames Statement veröffentlicht, das strategische Ansätze zur Lösung der Finanzkrise enthielt und sich unter anderem auch der zukünftigen Kooperation der Länder Brasilien, Russland, Indien und China widmete.[11] Dabei bekräftigten die vier Staaten, dass sie in Zukunft untereinander Schritte für einen gemeinsamen Dialog und eine Kooperation setzen werden. Diese Zusammenarbeit soll in inkrementeller, initiativer, vorausschauender, offener und transparenter Weise funktionieren. Die Kooperation dient nicht nur dazu, die sich überschneidenden Interessen der vier Länder zu verfolgen und wirtschaftliche Erfolge zu erzielen. Sie soll auch dazu genützt werden, zu einer harmonischen Welt mit dauerhaftem Frieden und gemeinsamem Wohlstand beizutragen.

Damit war der Grundstein für ein harmonisches Miteinander bei bevorstehenden Aufgaben und Projekten gelegt. Die Kooperation war von wirtschaftlichem Erfolg geprägt, wie O'Neill zehn Jahre nach der erstmaligen Nennung von BRIC in einem Fazit veranschaulichte:

> „All four of the BRIC countries have exceeded the expectations I had of them back in 2001. Looking back, those earliest predictions, shocking to some at the time, now seem rather conservative. The aggregate GDP has close to quadrupled since 2001, from around $3 trillion to between $11 and $12 trillion. The world economy has doubled in size since 2001, and a third of that growth has come from the BRICs. Their combined GDP increase was more than twice that of the United States and it was equivalent to the creation of another new Japan plus one Germany, or five United Kingdoms, in the space of a single decade. ... BRICs now account for probably close to 20pc of world trade compared with less than 10pc in 2001. Trade between the BRICs has risen far more quickly than global trade as a whole."[12]

---

[10] *J.J. Kirton*, BRICS Evolving Institutional Identity, Explaining the BRICS Summit's Solid, Strengthening Success, 9, in International Organisations Research Journal, 2/2015, 9-31.

[11] Joint Statement of the BRIC Countries' Leaders, Ekaterinburg, 2009, <http://www.brics.utoronto.ca/docs/090616-leaders.html> (11.03.2019).

[12] *J. O'Neill*, The Growth Map: Economic Opportunity in the BRICs and Beyond, London, 2011, Introduction: Audacious Growth.

Die Zusammenarbeit darf dabei aber nicht nur auf den wirtschaftlichen Sektor beschränkt werden, sondern betrifft ein breit gesätes Gebiet an Themengebieten: Bildung, Kultur und Sport dienen an dieser Stelle als plakative Beispiele.[13] 2011 war für BRIC aber nicht nur aufgrund der positiven Kritik von O'Neill ein essentielles Jahr, schließlich wurde in diesem die Transformation der Ländergruppe zu BRICS vollzogen.[14] Südafrika nahm 2011 im Rahmen des jährlichen Gipfeltreffens offiziell teil und komplettiert seit dieser Zeit die Gruppe als fünftes Mitglied. Damit ist BRICS auf fünf der sieben Kontinente vertreten. Generell repräsentieren die BRICS-Staaten in etwa 40% der Weltbevölkerung, sie bedecken 30% der Erdfläche und zeigen sich für rund 25% des weltweiten Bruttoinlandsprodukts verantwortlich, wobei sie in diesen Kategorien damit die Länder der G7 überflügeln.[15] Das bringt die enorme Bedeutung, das Potential und die Stellung der BRICS zum Ausdruck. Dennoch hat BRICS auf internationaler Bühne noch nicht jene Aufmerksamkeit erfahren, die sich aufgrund der genannten Fakten vermuten lassen würde. Trotz ihrer kontinuierlich steigenden Wichtigkeit hat es vor allem die Europäische Union lange Zeit vermissen lassen, eine klar definierte „BRICS-Politik“ zu betreiben, getreu einer eigens entwickelten Strategie zu agieren oder Annäherung für zukünftige Zusammenarbeit zu suchen.[16] Dabei scheuen Experten selbst den Begriff „dynamischste Entwicklungszone der Welt“[17] nicht, um das Potential und die Einflussmöglichkeit der Staatengruppe auf den Punkt zu bringen. Im Laufe der Entwicklung sind es mittlerweile längst nicht mehr nur die Gipfeltreffen der Staats- und Regierungschefs, auf denen die Länder Brasilien, Russland, Indien, China und Südafrika miteinander in Kontakt treten, Expertisen austauschen, gemeinsame Positionen erarbeiten und einem gemeinsamen Leitbild folgend Aufgaben

---

[13] *A. Novikov/I. Novikova*, BRICS: Financial development and economic growth, 164, in Vestnik NGUEU, 2/2018, 163-185.

[14] Sanya Declaration, Sanya/Hainan, 2011 <http://www.brics.utoronto.ca/docs/110414-leaders.html> (19.03.2019).

[15] *J. Kärkönen*, (FN 4), 87; *I. Oehler-Sincai*, The Group of BRICS countries: Is it still relevant for the world economy?, 37, in Knowledge Horizons – Economics, 1/2018, 35-49.

[16] *S. Keukeleire/B. Hooijmaaijers*, (FN 2), 582.

[17] *W. Grabowski*, Russland und die BRICS, 32, in WeltTrends – Das außenpolitische Journal, 136/2018, 32-36.

bewältigen. Bei Treffen auf Ministerebene werden fachspezifische Problemstellungen besprochen und Lösungsansätze herausgearbeitet. Arbeitsgruppen und Fachgremien leisten dabei entscheidende Arbeit im Vorfeld, weil sie durch intensive Vorbereitungen bereits vorab Arbeitsschritte übernehmen und somit den Prozess der Entscheidungsfindung erheblich vereinfachen. Auf diese Mechanismen und Abläufe wird im späteren Verlauf der Arbeit noch näher eingegangen. Um die auferlegten Ziele auch finanziell stemmen zu können, wurde von der BRICS die Neue Entwicklungsbank (New Development Bank/NDB) ins Leben gerufen. Für zusätzliche finanzielle Absicherung sorgt die Einrichtung eines Reservefonds (Contingent Reserve Arrangement/CRA). Diese beiden Finanzierungsinstrumente waren wichtige Schritte dafür, dass BRICS durch eigene Institutionen schrittweise seine Unabhängigkeit weiter vergrößern kann und bei der Bewältigung von Aufgaben nicht nur auf nationale sondern auch auf staatenübergreifende und überregionale Einrichtungen zurückgreifen kann. Eine der zentralen juristischen Kernfragen dieser Arbeit wird die Beurteilung sein, wie sich die Errichtung der NDB und des CRA auf die völkerrechtliche Stellung von BRICS ausgewirkt hat. Trotz all dieser Ausführungen soll nicht unter den Teppich gekehrt werden, dass die Zusammenarbeit dieser Staaten nicht ohne Kritik und Probleme vonstattengeht. So merkte O´Neill bereits 2001 an, dass die ökonomischen, gesellschaftlichen sowie politischen Unterschiede zwischen den Mitgliedern durchaus eine Herausforderung darstellen und die Bildung einer Gruppe nach dem Vorbild der G7 nicht unkompliziert vonstatten gehen könnte, obwohl die Länder auch im Rahmen der G20-Treffen an einem gemeinsamen Verhandlungstisch sitzen.[18] Ebenso merkte er an, dass der erwartete wirtschaftliche Aufschwung in erster Linie für China zutreffen wird und die übrigen Mitglieder in diesem Punkt eher hinterherhinken. Es wird immer wieder kritisiert, dass die Zahlen des BRICS-Erfolgs vornehmlich vom wirtschaftlichen Aufschwung Chinas abhängen und die übrigen vier Staaten keine gleichwertigen

[18] *J. O'Neill*, (FN 1), 10.

Mitstreiter seien.[19] Außerdem seien die Unterschiede zwischen den einzelnen Mitgliedsländern in politischer und ökonomischer Hinsicht zu groß, um hier eine angestrebte Front gegen die wirtschaftlich starken Industrienationen im Westen tatsächlich realisieren zu können.[20] Weiters argumentieren kritische Stimmen, dass die BRICS aufgrund fehlender Einrichtungen nicht in der Lage sei, ihr Potential in konkrete Ergebnisse umzumünzen und somit ihren Einfluss wirksam ausspielen zu können.[21] Die Errichtung der NDB und des CRA sind diese Kritik betreffend zweifelsohne ein Schritt in die richtige Richtung, um durch Schaffung von unabhängigen Organisationen eine bessere Struktur an der Basis zu erlangen und sich dadurch global noch effizienter durchsetzen zu können.

Zusammenfassend betrachtet muss die enorme Bedeutung von BRICS herausgestrichen werden. BRICS gilt durch seine stetige horizontale und vertikale Entwicklung auf unterschiedlichen Ebenen sowie in verschiedenen Bereichen und Sektoren als ein Symbol für aufstrebende Mächte, als ein Vektor für die Formierung und Neuausrichtung einer polyzentrischen Weltordnung.[22] Daher ist es nach wie vor so, dass BRICS für die Weltwirtschaft von großer Bedeutung ist.[23] Positiv sind auch die Zukunftsaussichten, die der BRICS eine kontinuierliche Steigerung in den Bereichen Wissenschaft, Technologie und Innovation bis zum Jahr 2030 in Aussicht stellen.[24] Es ist nach wie vor das vorhandene Entwicklungspotential, das als der größte Trumpf gilt: „They posess the capacity to contribute to the production of international order, regionally or globally; they share the belief that they are entitled to gain a more influential role in world affairs; and they all lie outside or on the

---

[19] *I. Oehler-Sincai*, (FN 15), 42; *J. Kärkönen*, (FN 4), 99, *M. Prys*, Realität oder Rhetorik, in Bundeszentrale für politische Bildung – Online, 2013, <http://www.bpb.de/apuz/173789/realitaet-oder-rhetorik> (17.03.2019); *K. Hopewell*, The BRICS – merely a fable? Emerging power alliances in global trade governance, 1380, in International Affairs, 6/2017, 1377-1396.

[20] *B. Losse,* Eins plus vier, 40, in Wirtschaftswoche, 30/2014, 40.

[21] *M. Prys*, (FN 19).

[22] *C. Starciuc*, (FN 6), 59.

[23] *I. Oehler-Sincai*, (FN 15), 44.

[24] *X. Zhao/M. Li/M. Huang/A. Sokolov*, BRICS Innovative Competitiveness Report 2017, Singapore, 2018, 13.

margin of the US-led set of international and multilateral structures."[25] Genau das war der Grund dafür, dass O'Neill die vier Staaten 2001 zu einer Gruppe zusammenfasste.

Dies wurde durch einen weiteren Bericht von Goldman Sachs aus dem Jahr 2003 untermauert. Dieser bescheinigte den BRIC bis zum Jahr 2050 einen enormen wirtschaftlichen Aufschwung: „If things go right, in less than 40 years, the BRICs economies together could be larger than the G6 in US dollar terms. By 2025 they could account for over half the size of the G6. Of the current G6, only the US and Japan may be among the six largest economies in US dollar terms in 2050."[26] Ein Lagebericht aus dem Jahr 2011 bekräftigt diese prognostizierte Entwicklung.[27] Diesem zufolge ist weiterhin davon auszugehen, dass die vier – zu dieser Zeit war Südafrika noch kein Mitglied – Länder in Zukunft zu den wichtigsten Ökonomien weltweit zählen werden und dabei nur mit den USA, einigen europäischen Ländern und eventuell Japan konkurrieren werden. Aktuell sind die Prognosen von O'Neill zumindest teilweise eingetroffen, 2018 haben die BRICS zum Bruttoinlandsprodukt der USA aufgeschlossen: „The combined gross domestic product of Brazil, Russia, India, China and South Africa is almost equal to that of the U.S. O'Neill coined the BRIC term in 2001 to describe the four countries he estimated would match the U.S. in joint economic output by 2020. […] The five countries' GDP is now more than 90 percent the size of U.S. output."[28] Ob die BRICS diesen Weg weiterhin erfolgreich bestreiten können, wird von der zukünftigen Zusammenarbeit, der Intensität multilateraler Gespräche und dem Willen zur Weiterentwicklung der Organisation abhängen.

---

[25] *S. Keukeleire/H. Bruyninckx*, The European Union, the BRICs, and the Emerging New World Order, 385, in International Relations and the European Union[2], Oxford, 2011, 380-403.
[26] *D. Wilson/R. Purushothaman*, Dreaming With BRICs: The Path to 2050, 2003, 2, <https://www.goldmansachs.com/insights/archive/archive-pdfs/brics-dream.pdf> (20.03.2019).
[27] *D. Wilson/K. Trivedi/S. Carlson/J. Ursua*, The BRICs 10 Years On: Halfway Through The Great Transformation, 2011, 4.
[28] *C. Goko/R. Vollgraaff*, BRICS GDP Rivals U.S. as O'Neill's View Is Almost Realized, 2018, <https://www.bloomberg.com/news/articles/2018-07-25/brics-gdp-rivals-u-s-as-o-neill-s-view-is-almost-realized> (17.03.2019).

### b. Zielsetzung und Wirken

Als O'Neill 2001 den Begriff BRIC einführte und damit die Länder Brasilien, Russland, Indien und China zu einer Gruppe zusammenfasste, war das zum damaligen Zeitpunkt nicht mehr als ein konzeptuelles Gebilde, um eine Reihe von Nationen mit ähnlichem Potential in einer gemeinsamen Kategorie zusammenzufassen.[29] Der Ökonomist konnte damals nur seine Prognosen und Einschätzungen abliefern, die zwar durch zukunftsorientierte Untersuchungsinstrumente fundiert erklärt, keinesfalls aber mit Sicherheit vorhergesagt werden konnten. Es oblag vornehmlich den BRIC-Staaten selbst, die vorhandenen Kräfte zu bündeln, sich selbst zu organisieren und den Grundstein für eine Zusammenarbeit in der Zukunft zu legen. Im Rahmen des ersten Gipfeltreffens 2009 in Russland definierten die Regierungschefs der BRIC ihre gemeinsame Mission: „We [...] have discussed the current situation in global economy and other pressing issues of global development, and also prospects for further strengthening collaboration within the BRIC [...].“[30] Zum einen ist darin die Basis zukünftiger Kooperation und zum anderen die Absicht, den Fokus auf die globale Entwicklung zu lenken und an gemeinsamen Lösungsansätzen für aktuelle Problemfelder zu arbeiten, erkennbar. Ein wichtiges Kernanliegen der BRIC wird unter Punkt 3 des gemeinsamen Statements 2009 erkennbar:

> „We are committed to advance the reform of international financial institutions, so as to reflect changes in the global economy. The emerging and developing economies must have greater voice and representation in international financial institutions, whose heads and executives should be appointed through an open, transparent, and merit-based selection process. We also believe that there is a strong need for a stable, predictable and more diversified international monetary system.“[31]

[29] *J.J. Kirton*, (FN 10), 13.
[30] Joint Statement of the BRIC Countries' Leaders, (FN 11), 2009.
[31] Joint Statement of the BRIC Countries' Leaders, (FN 11), 2009.

Es lassen sich daraus drei wesentliche Ziele ableiten, die als eine Art inoffizielle Leitsätze die Zukunft der Organisation essentiell prägten. Erstens sollten die internationalen Finanz-Institutionen generell reformiert werden, um damit den globalen Veränderungen der Weltwirtschaft Rechnung tragen zu können. BRIC war der Meinung, dass die vorhandenen Institutionen veraltet seien und Reformierungsbedarf besteht. Zweitens sollte im Zuge dessen einerseits den aufstrebenden Wirtschaftsmächten und andererseits den Entwicklungsländern in diesen internationalen Institutionen ein stärkeres Mitspracherecht zugestanden werden. Außerdem sollten die Führungsorgane und Chefriegen der Institutionen durch ein transparentes, öffentliches, leistungsbezogenes und faires Auswahlverfahren in diese Position gewählt werden. Aus Sicht der BRIC war diese Forderung nachvollziehbar: In ihrer Position als aufstrebende Mächte wollten sie eine dementsprechende und faire Behandlung genießen, aufgrund ihrer gestiegenen Wichtigkeit und Entwicklung auch in den Institutionen an Einfluss gewinnen. Drittens betonten sie, dass der Bedarf an einem stabileren und kalkulierbaren Währungssystem enorm hoch sei.

Diese drei Ziele lassen sich unter dem Schlagwort der Fairness gut zusammenfassen. Der BRIC ging es in erster Linie darum, die bestehende Weltordnung an die geänderten Verhältnisse anzupassen, dabei ihre eigene politische Rolle als Gruppe zu stärken und zu einer Balance und stückweisen Demokratisierung im internationalen System des 21. Jahrhunderts beizutragen.[32] Daher wurde beschlossen, das Aufgabenfeld der Organisation Stück für Stück zu erweitern und vermehrt gemeinsame Initiativen zu starten und gemeinsame Projekte anzugehen. Die existierende Ordnung wurde von westlichen Großmächten, in erster Linie von den USA und der EU, dominiert:

[32] *D. Chaudhury*, BRIC aims to create a just and equitable world order, 55, in International Affairs, 1/2009, 51-56.

„The main global governance institutions are the reflection of a US-European consensus, with the UN as the main framework to deal with global challenges. For security this ist he UNSC, for economic and financial issues the World Bank (system) and the International Monetary Fund (IMF), for trade the WTO, for sustainable development the UN Commission on Sustainable Development. The dominance of the US and European countries (EU members) in these institutions is well described and increasingly problematic.“[33]

Die Organisation als neuer Player auf dem Weltmarkt wollte gerecht behandelt und nicht von den regierenden Mächten unter den Teppich gekehrt werden. BRIC forderte den neuen Verhältnissen angepasste Mitspracherechte, Akzeptanz und faire Verhandlungen auf Augenhöhe. Zunächst schien diese Rechnung aufzugehen, denn bereits 2010 hatte der Gouverneursrat des IWF den Beschluss gefasst, die Stimmrechte zugunsten der Schwellenländer abzuändern, um damit ihrem gestiegenen Gewicht in der Weltwirtschaft Rechnung zu tragen.[34] Wie bereits herausgearbeitet wurde, repräsentierte die BRIC damals (und auch heute) rund 40% der Weltbevölkerung und 20% der gesamten globalen Wirtschaftsleistung. Angesichts dieser Zahlen war der Schritt für Reformen unausweichlich. Obwohl die Änderung der Stimmrechte beschlossene Sache war, stellten sich die USA quer und verhinderten seit 2010 erfolgreich die Umsetzung der in Südkorea beschlossenen Quoten- und Strukturreform in den multilateralen Finanzinstitutionen.[35] Ohne die Zustimmung der USA kann beim IWF aber keine Reform durchgebracht werden, da alle wichtigen Entscheidungen einer Mehrheit von mindestens 85% bedürfen, die USA aber auf knapp 17% kommen und ihnen daher in der Praxis ein Vetorecht zukommt. Die Vereinigten Staaten nützten ihren Einfluss also dazu aus, dass die geplante Veränderung der Stimmrechte nicht umgesetzt werden kann, weil ihnen die alte Satzung garantiert, dass sie über eine Sperrminorität verfügen. Für die schnell

[33] *S. Keukeleire/H. Bruyninckx*, (FN 25), 397.
[34] *B. Losse*, (FN 20), 40.
[35] *Kleine Zeitung Online*, 18.04.2015, Was von der IWF-Reform übrig bleibt, <https://www.kleinezeitung.at/politik/aussenpolitik/4711444/Internationaler-Waehrungsfonds_Was-von-der-IWFReform-uebrig-bleibt> (27.03.2019).

wachsenden BRICS-Staaten und insbesondere für China war das der entscheidende Anlass dafür, sich vom IWF und der Weltbank abzuwenden und eine neue sowie gerechtere globale Strukur anzustreben.[36]

Dies ist als Scheitern dieser multilateralen Organisation zu qualifizieren und mündete direkt in aktives Handeln der BRICS, um ihre Ziele zu erreichen. So schuf sich die BRICS nur wenige Jahre später mit der NDB und dem CRA zwei eigene Finanz-Institutionen. Der IWF ist dabei allerdings nur eines von mehreren Beispielen, deren Scheitern das Aktivwerden der BRICS nötig machten:

> „[…] the failure of the International Monetary Fund (IMF) to reform its voice, vote and governance in full on time, and the failure of the World Bank were direct causes of BRICS actions, with the World Bank failure generating the creation of the New Development Bank in 2014. The World Trade Organization's failure to complete its badly overdue Doha Development Agenda also fuelled BRICS performance on trade."[37]

Also strebte die BRICS in weiterer Folge mit ihren eigenen Ideen nach einer neuen, gerechteren Ordnung. Ihre Mitgliedstaaten versuchten mit der Organisation, attraktive Alternativen zu den von westlichen Mächten dominierten und kontrollierten Einrichtungen und Institutionen zu schaffen.[38] BRICS geht davon aus, dass die Welt eine neue Ordnung benötigt, die auf Grundfesten demokratischer und wirtschaflich fairer Beziehungen beruht und einen gleichberechtigen Zugang für alle zu monetären Mitteln und dem Weltmarkt allgemein garantiert. Die Organisation versteht sich dabei selbst als Projekt, um anderen Ländern eine Alternative bieten zu können und zu ermöglichen, dass wirtschaftlich schwächere Staaten ihre geopolitischen Interessen nicht in die Hände anderer Nationen legen müssen. Dieser geplante Umsturz der Verhältnisse mag auf den ersten Blick harsch klingen. Dabei muss betont werden, dass bei diesem Vorhaben die Prinzipien der Rechtstaatlichkeit, Transparenz und Einhaltung wesentlicher völkerrechtlicher Bestimmungen eine ganz wichtige Rolle spielen:

---

[36] *F. Engdahl*, Russland und die neue Vernetzung Eurasiens, Rottenburg, 2016, 210.
[37] *J.J. Kirton*, (FN 10), 17.
[38] *Ye. Astakhov*, Although Very Different, the BRICS Members Stick Together, 107, in International Affairs, 5/2018, 107-116.

„We are convinced that a reformed financial and economic architecture should be based, inter alia, on the following principles:

- democratic and transparent decision-making and implementation process at the international financial organisations;
- solid legal basis;
- compatibility of activities of effective national regulatory institutions and international standard-setting bodies;
- strengthening of risk management and supervisory practices.“[39]

Dies liefert entscheidende Erkenntnis darüber, wie innerhalb der BRICS das Verständnis von Demokratie verstanden und gelebt wird. Demzufolge wird Demokratie als die Legitimation für die faire Teilnahme an allen internationalen Beziehungen auf Basis des Souveränitäts-Prinzips aller Staaten verstanden.[40] Die Ziele sollen dadurch erreicht werden, dass sich in einem demokratischen Prozess die einzelnen Staaten auf gleicher Augenhöhe begegnen. 2013 werden diese Prinzipien bekräftigt:

„[...] we reaffirmed our commitment to the promotion of international law, multilateralism and the central role of the United Nations (UN). Our discussions reflected our growing intra-BRICS solidarity as well as our shared goal to contribute positively to global peace, stability, development and cooperation. We also considered our role in the international system as based on an inclusive approach of shared solidarity and cooperation towards all nations and peoples.“[41]

Die Souveränität der Mitgliedstaaten genießt hohe Priorität. Da diese durch die Vorherrschaft westlicher Länder bedroht ist, soll die Formierung der BRICS-Staaten dem entgegenwirken: „BRICS form a heterogeneous coalition of often competing powers that share a common fundamental political objective: to erode Western hegemonic claims by protecting the principle which these claims are deemed to most threaten, namely the political sovereignty of states.“[42] Das unterstrichen die Regierungschefs der BRIC bereits 2009, indem sie das Streben nach einer demokratischeren und gerechten multipolaren Weltordnung bekräftigen und die

[39] Joint Statement of the BRIC Countries' Leaders, (FN 11), 2009.
[40] *G. Ilik/M. Gjurovski*, The BRICS: A quest for common values, 125f, in Horizons Series A, 18/2015, 123-132.
[41] BRICS and Africa: Partnership for Development, Integration and Industrialisation: eThekwini Declaration, Durban, 2013, < http://www.brics.utoronto.ca/docs/130327-statement.html> (18.03.2019).
[42] *Z. Laïdi*, BRICS: Sovereignty power and weakness, 615, in International Politics, 49/2012, 614-632.

Prinzipien der Rechtsstaatlichkeit, der Gleichheit, des gegenseitigen Respekts, der Kooperation, der Koordinierung von Handlungen und der kollektiven Entscheidungsfindung aller Staaten besonders hervorheben.[43] Internationale Konflikte sollen in friedlicher, gerechter und transparenter Weise gelöst werden. Der Fokus muss hier auf den Begriff *multi-polar world* gelenkt werden: „[...] the term multipolar is used as legitimacy basis of such reasoning, hoping that Russia and China will impose themselves on the international political scene as great powers, entitled to its share in the international affairs, as a separate political poles (as opposed USA and EU).“[44]

All diese Veränderungen standen aber unter der Prämisse, dass die Stellung der UN unantastbar ist, die UN oberstes Organ in internationalen Angelegenheiten ist und dieser Stellenwert unbedingt auch in Zukunft erhalten bleiben soll.[45] Als ihre größten Pluspunkte werden zum einen die immense Reichweite und zum anderen ihre starke Akzeptanz bei den Mitgliedstaaten gesehen. Unantastbar bedeutet in diesem Kontext jedoch nicht, dass die Organisation und die Rolle der UN nicht auch überdacht werden müsse. Die vier BRIC-Staaten brachten 2009 zum Ausdruck, dass die Rolle der UN zwar keineswegs geschwächt werden dürfe, aber ein umfassendes Paket an Reformen für notwendig erachtet wird, um die UN in Hinblick auf die globalen Problemfelder moderner zu machen und ihre Funktionsweise effizienter auszugestalten.[46]

Das Wirken der BRICS ist auf einem breit gesäten Gebiet an Aufgaben verteilt. So ist es nicht nur der oben genannte Finanzsektor, auf dem die BRICS mit Beschlüssen, Aktionen und Initiativen aktiv geworden ist. Mithilfe von eigens eingerichteten Fachgruppen und unterschiedlichen Ausschüssen konnten unter anderem auf den Gebieten Landwirtschaft, Energieversorgung, Kampf gegen den Terrorismus, Menschenrechte und Gesundheit Neuerungen erreicht werden. Die BRICS hat sich zu

[43] Joint Statement of the BRIC Countries' Leaders, (FN 11), 2009.
[44] *G. Ilik/M. Gjurovski*, (FN 40), 126.
[45] *D. Chaudhury*, (FN 32), 55.
[46] Joint Statement of the BRIC Countries' Leaders, (FN 11), 2009.

einem vollwertigen und einflussreichen Forum mit Entscheidungsgewalt, ähnlich den G7, entwickelt und damit unter Beweis gestellt, dass sich die Gruppe durch außenorientierte, kooperative und entwicklungsfreudige Ansätze auszeichnet.[47] Daraus kann abgeleitet werden, dass die Organisation in allen strategisch wichtigen Bereichen in Verhandlungen steht, gemeinsame Positionen herausarbeitet und sich Ziele setzt.

Zusammenfassend lässt sich festhalten, dass es sich die BRICS zum Ziel gesetzt hat, die bestehende Ordnung der Weltwirtschaft zu erneuern und den Veränderungen anzupassen. Wirtschaftlich aufstrebende und vor allem ökonomisch schwächere Staaten sollen bei dieser Neuordnung eine wichtige Rolle spielen. Daher wird BRICS auch als Herausforderung für die vornehmlich an den westlichen Großmächten orientierte Weltordnung gesehen.[48] Da diese Entwicklung in den vergangenen Jahren nicht immer reibungslos geklappt hat, ist die BRICS dazu übergegangen, eigene Einrichtungen zu gründen, um sich von den westlich dominierten Institutionen abkoppeln zu können. Themenmäßig nimmt zwar der Finanzsektor einen wichtigen Bereich des Aufgabengebiets ein, zusätzlich ist die Organisation aber in so gut wie allen Bereichen aktiv tätig.

### c. Das „R“ in BRICS – Russland als Mitgliedstaat

Russland ist mit einer Gesamtfläche von mehr als 17 Millionen km$^2$ das flächenmäßig größte Land der Erde, im Vergleich dazu fast doppelt so groß wie die USA.[49] Diese gewaltige Fläche hat unausweichlich zu wirtschaftlichen Problemen in der jüngsten Vergangenheit geführt, weshalb das größte Land der Erde von kritischen Stimmen auf einen „demografisch im Niedergang befindlichen, industriell

---

[47] *J.J. Kirton*, (FN 10), 15.

[48] *S. Fortescue*, The BRICS and Russia, 228, in V. Io Lo/M. Hiscock, The Rise of the BRICS in the Global Political Economy: Changing Paradigms?, Cheltenham, 2014, 228-240.

[49] Central Intelligence Agency (US), The World Factbook, 2019, <https://www.cia.gov/library/publications/the-world-factbook/geos/rs.html> (21.03.2019).

schwächelnden und im Wesentlichen auf Rohstoffexport"[50] konzentrierten Staat reduziert wird. In der Tat lassen sich demografische und wirtschaftliche Probleme nicht von der Hand weisen.[51] Mit einer Population von etwas mehr als 142 Millionen Menschen im Jahr 2018 ist das Staatsgebiet im Verhältnis zur Gesamtfläche lediglich dünn besiedelt. Im internen BRICS-Vergleich befindet sich Russland damit sogar nur an vierter Stelle, nur Südafrika hat 2018 eine geringere Anzahl an Einwohnern vorzuweisen.[52] Dabei spielt vor allem die Urbanisierung eine große Rolle: Der Großteil der Menschen hat sich auf relativ engem Raum in Groß-, Mittel- und Kleinstädten angesiedelt.[53] Aufgrund ungünstiger klimatischer Bedingungen sind weite Teile des Landes, vor allem im Osten (Sibirien), entweder gänzlich unbewohnbar oder es herrschen derart schlechte Verhältnisse, dass eine landwirtschaftliche Nutzung nicht möglich ist, den Menschen somit eine gesicherte Lebensgrundlage fehlt und weitläufige Gebiete schlussendlich vom Menschen unberührt bleiben müssen.[54] Jene östlichen und im asiatischen Teil Russlands gelegenen Gebiete, die bewohnt sind, zählen zu den größten Problemfeldern des Landes. Die harten Winter haben den russischen Teil des Ostens fast zum Kollabieren gebracht, weil sich alle Schwächen des Niedergangs in Wirtschaft und sozialer Lebenssphäre nach dem Zerfall der Sowjetunion in den 1990er-Jahren gerade hier am stärksten gezeigt haben.[55] Russland hat mit dem Besitz von nuklearen Waffen als Atommacht und mit seinem Status als ständiges Mitglied des UN-Sicherheitsrats zwei große Trümpfe in der Hand, befindet sich in wirtschaftlicher und demografischer Sicht dagegen im Vergleich mit anderen Großmächten in einer weitaus schwächeren Position.[56]

---

[50] *T. Sommer*, Eine zweifelhafte Partnerschaft: Chinesisch-russische Beziehungen, 2018, in Zeit Online <https://www.zeit.de/politik/ausland/2018-09/chinesisch-russische-beziehungen-usa-sanktionen-handelsstreit> (16.03.2019).
[51] Central Intelligence Agency (US), (FN 49), (21.03.2019).
[52] BRICS Joint Statistical Publication 2018, Pretoria, 2018, <http://www.statssa.gov.za/wp-content/uploads/2018/11/BRICS-JSP-2018.pdf> (20.03.2019).
[53] Central Intelligence Agency (US), (FN 49), (21.03.2019).
[54] Central Intelligence Agency (US), (FN 49), (21.03.2019).
[55] *W. Grabowski*, (FN 17), 34.
[56] *Z. Laïdi*, (FN 42), 621.

Demografisch wird sich die Lage in Zukunft kaum verbessern: Im Ranking der Bevölkerungswachstumsrate befindet sich der Staat auf dem 205., bei der Geburtenrate auf dem 184. und der Sterberate auf dem 8. Platz im weltweiten Ländervergleich.[57] Russland hat bereits zu Beginn des Jahrtausends die Zeichen der Zeit erkannt und sich unter anderem für eine verstärkte Zusammenarbeit in verschiedenen Staatengruppen eingesetzt. Seine Außenpolitik sollte sich zunehmend an den nationalen Interessen Russlands orientieren, Schwerpunkt waren die Beziehungen mit den angrenzenden Nachbarstaaten sowie den aufstrebenden Ländern im Osten und Süden, wobei insbesondere mit China verstärkt eine strategische Partnerschaft aufgebaut werden sollte.[58] Da Russland hauptsächlich mit dem Export von Rohstoffen auf dem wirtschaftlichen Markt auftritt, sind solche Kooperationen unabdingbar und essentiell:

> „Russia is heavily dependent on the movement of world commodity prices as reliance on commodity exports makes it vulnerable to boom and bust cycles that follow the volatile swings in global prices. […] A combination of falling oil prices, international sanctions, and structural limitations pushed Russia into a deep recession in 2015, with GDP falling by close to 2.8%. […] Government support for import substitution has increased recently in an effort to diversify the economy away from extractive industries.“[59]

Daher ist es wenig verwunderlich, dass Russland oft als die treibende Kraft, vor allem in den Anfangsjahren der BRICS-Organisation, bezeichnet wird.[60] Von Goldman Sachs wurden für Russland enorme Chancen und entscheidende wirtschaftliche Vorteile durch die Zusammenarbeit innerhalb der BRICS vorhergesagt:

[57] Central Intelligence Agency (US), (FN 49), (21.03.2019).
[58] *W. Grabowski*, (FN 17), 32.
[59] Central Intelligence Agency (US), (FN 49), (21.03.2019).
[60] *S. Fortescue*, (FN 48), 228.

„Our well-known BRICs projections imply a rosy long-term future for Russia‘s economy. Not only could it be the largest economy in Europe before the middle of this century but, alone among the BRICs, Russia has a real chance of catching up with living standards of the current G7, increasing ist per capita GDP eleven-fold in constant Dollar terms between 2006 and 2050.“[61]

Von offiziellen russischen Quellen wurde öffentlich bekanntgemacht, dass das erste formelle Treffen innerhalb der BRIC im Jahr 2006, als sich die Außenminister der vier Länder im Rahmen der UN-Generalversammlung in New York zu einem gemeinsamen Austausch trafen, auf Initiative des russischen Präsidenten Vladimir Putin stattgefunden hat.[62] Dieser hatte sich bei seinem ersten Amtsantritt als Präsident 1999 zum Ziel gesetzt, das Land nach dem Zerfall der Sowjetunion zu stabilisieren:

„[…] the agenda was reasonably clear: stabilizing and enhancing his own hold on power; regenerating the economy and balancing the books; consolidating executive control over the state and restoring its capacity to maintain order; restoring the role of the state in the economy and limiting the influence of oligarchical circles that had grown up under the Yeltsin administration; sorting out the relationship between the executive and the legislature at the centre; […].“[63]

Vor allem nach den Ereignissen auf der Krim 2014 und den damit verbundenen wirtschaftlichen Sanktionen war es für Russland umso wichtiger, Alternativen für die Unipolarität des internationalen Wirtschaftssystems unter der führenden Hand der USA zu schaffen. Deshalb war Russland darin bestrebt, die BRICS von einer Investment-Strategie zu einer politischen Allianz mit politischem Einfluss und Vorteilen für alle Mitglieder zu verändern.[64] Das ist einer der Hauptgründe, warum BRICS in Russland einen hohen Stellenwert einnimmt und Russland bemüht ist, die Zusammenarbeit innerhalb der Organisation nicht zur zu pflegen, sondern sich um deren Weiterentwicklung zu bemühen und die Kooperation weiter zu forcieren:

---

[61] *Goldman Sachs Global Economics Group*, BRICs and Beyond, 2007, <https://www.goldmansachs.com/insights/archive/archive-pdfs/brics-book/brics-full-book.pdf> (18.03.2019).
[62] *S. Fortescue*, (FN 48), 229.
[63] *S. Macfarlane*, The 'R' in BRICS: is Russia an emerging power?, 46f, in International Affairs, 1/2006, 41-57.
[64] *J.J. Kirton*, (FN 10), 11.

> „For Russia, BRICS is a form of collective opposition to the unipolar world order; therefore, reliance on BRICS is an instrument for overcoming Russia's consequences of opposing itself to the EuroAtlantic that arose after the events of spring-summer of 2014. Therefore, it is important for Russia to transform BRICS from an informal consultative group with vague goals into a full-fledged organization of interstate cooperation. Russia is trying to promote the status of the BRICS countries in the UN constantly stressing that all BRICS participants are very worthy candidates for membership in the UN Security Council […].“[65]

Russland sieht in der Zusammenarbeit innerhalb der BRICS die Möglichkeit, auf friedliche Weise ökonomische Fortschritte zu erzielen. Die Basis hierfür ist die UN-Charta, die allgemein anerkannten völkerrechtlichen Prinzipien sowie jene Werte, auf die sich die Mitglieder der BRICS geeinigt haben, wobei vor allem Offenheit, Pragmatismus, Solidarität, und ein friedvoller Umgang mit dritten Parteien eine zentrale Rolle einnehmen.[66] Es ist zu erkennen, dass Werte wie Vertrauen, Solidarität, gegenseitiger Austausch und Unterstützung eine zentrale Rolle spielen und das Fundament von BRICS bilden. Daher mag es auf den ersten Blick etwas verwunderlich anmuten, dass ausgerechnet China und Russland eine derart enge Partnerschaft und Zusammenarbeit pflegen. Das Verhältnis zwischen den beiden Ländern war in der Vergangenheit für lange Zeit nicht gerade unbelastet. In der 2. Hälfte des 20. Jahrhunderts kam es zu einem jahrzehntelangen Zerwürfnis inklusive etlicher militärischer Auseinandersetzungen und einem mehrmonatigen Krieg 1969 zwischen diesen beiden Staaten, das Verhältnis besserte sich erst in den 1990er Jahren.[67] Meilensteine und Grundlage für eine friedvolle und erfolgreiche Zusammenarbeit waren die Lösung der Grenzfrage an der insgesamt rund 4 300 Kilometer langen gemeinsamen Staatsgrenze und die Gründung der Shanghaier Organisation für Zusammenarbeit (SZO).[68] Unter Präsident Vladimir Putin wurde dieser Kurs fortgesetzt, der Start in die BRIC-Verhandlungen war ein weiterer

---

[65] *N. Vasilyeva*, Specifics of interaction in BRICS format, 118f, in Asia-Pacific Journal of Marine Science & Education, 7/2017, 115-122.
[66] *Ministry of Foreign Affairs of the Russian Federation*, Concept of participation of the Russian Federation in BRICS, 2012, <http://static.kremlin.ru/media/events/eng/files/41d452b13d9c2624d228.pdf> (17.03.2019).
[67] *T. Sommer*, (FN 50), (16.03.2019).
[68] *W. Grabowski*, (FN 17), 32.

wichtiger Schritt, ehe die bilateralen Beziehungen 2014 durch die Geschehnisse rund um die Halbinsel Krim einen zusätzlichen Schub bekamen, denn nach der vermeintlichen Annexion der Krim war Russland außenpolitisch ziemlich isoliert. Putin wandte sich daraufhin an China und im Mai 2014 unterzeichnete er in Shanghai einen Vertrag, nach welchem der Energiegroßkonzern Gazprom in den folgenden 30 Jahren 40 Milliarden Kubikmeter Erdgas für insgesamt 400 Milliarden Dollar jährlich an China liefern soll.[69] Seitdem wurden zahlreiche weitere Absichtserklärungen, Verträge sowie Vereinbarungen unterzeichnet.

Ebenfalls im Jahr 2014 vollzog China eine richtungsweisende Wende in seiner Außenpolitik, die in einer offiziellen Erklärung des Außenministeriums verkündet wurde. Dieser zufolge werden die Beziehungen zu den USA und zur EU nicht mehr als vorrangiges Ziel betrachtet, sondern vielmehr definierte die chinesische Führung auf ihrer selbst erwogenen geopolitischen Landkarte eine neue Gruppe von Ländern, die in Zukunft höhere Priorität erhalten werden, wozu Russland und die übrigen BRICS-Staaten zählen.[70] Damit war auch von chinesischer Seite offiziell klargestellt, dass Russland in Zukunft ein enger Kooperationspartner sein wird und dadurch auch die Arbeit der BRICS gestärkt wird. War das Verhältnis zwischen Russland und China in der Vergangenheit also nicht immer unbelastet, sind sich im internen BRICS-Vergleich die beiden Staaten durchaus ähnlich: „Both states seek to improve their political, economy and military performance, seeking to gain power to impose their influence on the international political scene."[71] Das bestätigte auch Putin im Rahmen des BRICS-Gipfels 2017 in China, bei dem er China als die Lokomotive der Zusammenarbeit bezeichnete und deren besondere Leistungen bei der nicht immer einfachen Konsensfindung extra hervorhob.[72] Putin unterstrich weiter, dass angesichts der Sanktionen durch die westlichen Staaten die Solidarität der BRICS

---

[69] *T. Sommer*, (FN 50), (16.03.2019).
[70] *F. Engdahl*, (FN 36), 168.
[71] *G. Ilik/M. Gjurovski*, (FN 40), 127.
[72] *W. Grabowski*, (FN 17), 36.

einen besonderen Rückhalt für Russland darstellt. Für Russland ist vor allem der wirtschaftliche Vorteil, den alle fünf BRICS-Staaten aus der gemeinsamen Zusammenarbeit ziehen, von überragender Bedeutung:

> „Russia is especially interested in the economic sphere. In view of the current crisis, investment cooperation looks especially promising within the strategy for BRICs economic Partnership formulated by Russia. Today, in all spheres of BRICs activities – internal and foreign policy issues – it has become common to harmonize positions even if without specific obligations.“[73]

Im Bündeln gemeinsamer Energien, im Ausmerzen etwaiger Schwächen und im gemeinsamen Agieren mit eng verbundenen Partnern sieht Russland weitere entscheidende Vorteile.[74] Dazu hat es sich mit Brasilien, China, Indien und Südafrika Verbündete gesucht, deren Vorstellung von innerstaatlichen Aufgaben einerseits und dem Verfolgen außenpolitischer Interessen andererseits Ähnlichkeiten mit dem russischen Verständnis aufweisen.[75] Die Ablehnung von Anwendung sowie Androhung von Gewalt, die Vermeidung von Konfrontation, die Schaffung von Veränderungen in der Welt auf Basis einer gleichberechtigten Grundlage, ein friedliches Nebeneinander von Interessen, die Stärkung der Sicherheit, Erhaltung des Friedens und die Vertiefung von friedvollen internationalen Beziehungen sind jene Eckpfeiler, die BRICS in ihrer Mission miteinander vereint.

Nach über zehn Jahren gemeinsamer und vor allem erfolgreicher Kooperation innerhalb der BRICS ist Russland mehr denn je davon überzeugt, dass dies ein zukunftsträchtiges Modell ist und die Mitgliedstaaten in Zukunft die Früchte dieser Arbeit ernten werden. Das bekräftigte Putin bei einem öffentlichen Auftritt zum Jahreswechsel im vergangenen Dezember 2018, bei dem er herausstrich, dass die gemeinsamen Anstrengungen zu weiterem Wachstum und gegenseitigen Vorteilen führen werden.[76] Putin verdeutlichte auch, dass die Zusammenarbeit in Zukunft dazu führen werden, eine verstärke Kooperation zwischen der BRICS und anderen

[73] *Ye. Astakhov*, (FN 38), 115.
[74] *Z. Laïdi*, (FN 42), 621.
[75] *W. Grabowski*, (FN 17), 33.
[76] *K. Klomegah*, Russia Pledges Strategic Partnership With BRICS, in ModernDiplomacy, 2018, <https://moderndiplomacy.eu/2018/12/30/russia-pledges-strategic-partnership-with-brics/> (21.03.2019).

Internationalen Organisationen, allen voran den UN und der SZO, erreichen zu können. Vor allem in der Finanzkrise während der Jahre 2007 und 2008 hat die BRIC bewiesen, dass sie zu einem Motor der Weltwirtschaft geworden ist und dazu beigetragen hat, diese vor einer noch schwereren Depression zu bewahren.[77] In Russland ist man davon überzeugt, dass die erfolgreiche Kooperation auch in vielen anderen Ländern Anklang gefunden hat und in Zukunft noch finden wird. Gegen neue Partner, die auf den BRICS-Zug aufspringen möchten, ist man alles andere als abgeneigt. Russland geht sogar davon aus, dass viele Entwicklungs- und Schwellenländer den internationalen Trend als Chance erkennen und ebenfalls auf den BRICS-Zug aufspringen werden.[78] Es ist nämlich erstaunenswert, binnen welch' kurzer Zeit die Organisation und ihre Mitglieder Profit schlagen und Vorteile aus der gemeinsamen Kooperation ziehen konnten.[79] Daher ist es auch nicht auszuschließen, dass die Gruppe mit weiteren Staaten in Kontakt treten wird und zusätzliche Mitglieder aufnehmen wird, wenn unter den beteiligten Parteien darüber Einigkeit herrscht.

---

[77] *M. Daytan*, Financial und Economic Indicators of Russia within BRICS, 36, in RUDN Journal of Economics, 05/2013, 35-42.
[78] *W. Grabowski*, (FN 17), 32.
[79] *M. Daytan*, (FN 77), 36f.

## 3. BRICS aus rechtlicher Sicht

### a. Definition aus völkerrechtlicher Sicht

Die BRICS-Staaten haben es sich zu ihrem Ziel gemacht, der Hegemonie der USA entgegenzuwirken, ein stärkeres Mitspracherecht in internationalen Angelegenheiten zu erlangen und ein Gegenstück zu den bestehenden Institutionen und Einrichtungen zu schaffen. Die Stellung der BRICS aus völkerrechtlicher Sicht ist allerdings vage und unübersichtlich. Es stellt sich die Frage, „whether the BRICS is a loosely formed intergovernmental network or a powerful economic bloc that can effect paradigmatic changes in the world economy, or is it merely a pressure group that can raise awareness of the imperfections in an unbalanced and dysfunctional global political economy?“[80] In den Anfangsjahren, speziell zwischen 2006 und dem ersten Gipfeltreffen 2009 ist die Organisation als informelles, politisches Forum, somit lediglich als eine Plattform für gegenseitigen Austausch zu verstehen.[81] Ein Grad an Institutionalisierung war zum damaligen Zeitpunkt nicht erkennbar. Hochrangige Politiker mussten in den ersten Gesprächen eine gemeinsame Basis finden, um abklären zu können, erstens ob und zweitens in welcher Art und Weise eine Zusammenarbeit in Zukunft funktionieren könnte. Schließlich wäre es auch möglich gewesen, dass die Erwartungen und Vorstellungen der Länder derart weit auseinandergegangen wären, dass sich gemeinsames Arbeiten nicht realisieren lassen hätte können. Das war nicht der Fall, der Weg für eine Kooperation war geebnet und fand mit dem Gipfeltreffen 2009 in Russland einen ersten Höhepunkt. Von diesem Zeitpunkt an hat sich der rechtliche Status von BRICS verändert und sich die Organisation von einem bloßen Investment-Konzept zu einem organisierten Netzwerk mit stärkerem geopolitischen Gewicht entwickelt.[82] Einerseits sind die jährlich abgehaltenen Gipfeltreffen das große Aushängeschild der Organisation,

---

[80] *M. Hiscock/V. Io Lo*, Conclusions: The BRICS – Ascendancy, decline or plateu?, 308, in V. Io Lo/M. Hiscock, The Rise of the BRICS in the Global Political Economy: Changing Paradigms?, Cheltenham, 2014, 308-312.

[81] *S. Fortescue*, (FN 48), 228.

[82] *A. Abashidze/A. Solntsev/E. Kiseleva*, Legal Status of BRICS and Some Trends of International Cooperation, 1, in Indian Journal of Science and Technology, 9/2016, 1-9.

schließlich beratschlagen, diskutieren und agieren auf diesen die Staats- und Regierungschefs der BRICS. Veränderungen, strategische Neuausrichtungen oder richtungsweisende Entscheidungen werden zumindest offiziell auf diesen Treffen beschlossen und eingeleitet. Es wäre allerdings falsch, BRICS auf diese Gipfeltreffen zu reduzieren. Daher kann man die Organisation auch nicht als *summitry-organisation* im klassischen völkerrechtlichen Verständnis klassifizieren. Bei BRICS spricht man von einem völlig neuen Modell der internationalen Beziehungen, das auf die Erhaltung des Friedens sowie die Stärkung der Sicherheit und des Vertrauens in den internationalen Beziehungen ausgerichtet ist.[83] In der Literatur findet sich der Begriff einer *institutionalized multilateral summitry organisation.* Für diese sind folgende vier Kennzeichen charakteristisch:

> „Institutionalized multilateral summitry is characterized by official meetings of heads of state and government, attended by at least several leaders and generally many more, which convene repeatedly (as opposed to ad hoc, one-off events), and that are underpinned by one or another form of institutionalized bureaucratic structure which facilitates preparation and continuity between leaders' meetings."[84]

Als Grundvoraussetzung muss sich die Organisation durch ihre internationale Ausrichtung auszeichnen und sich damit zum Beispiel von rein innerstaatlichen Einrichtungen, die nur staatsinterne Angelegenheiten als Regelungsziel haben, unterscheiden. Hier wird vom Begriff der Multilateralität gesprochen. Diese liegt vor, wenn mindestens drei oder mehr Staaten kooperativ und gleichberechtigt miteinander in Erscheinung treten. Mit Brasilien, Russland, Indien, China und Südafrika sind fünf Länder Teil der BRICS. Damit ist die Voraussetzung der Mehrseitigkeit/Multilateralität ohne Zweifel erfüllt. Die offiziellen Treffen der Staatschefs aus den fünf Ländern finden jährlich seit 2009 statt. Damit sind einerseits die geforderte Kontinuität und andererseits die Planung dieser Zusammentreffen, im Kontrast zu kurzfristigen, zufälligen Meetings, gegeben. Als weiteres Kriterium ist

---

[83] *W. Grabowski*, (FN 17), 33.

[84] *R. Feinberg*, Institutionalized Summitry, in The Oxford Handbook of Modern Diplomacy, Oxford, 2013, <http://www.oxfordhandbooks.com/view/10.1093/oxfordhb/9780199588862.001.0001/oxfordhb-9780199588862-e-17?print=pdf> (22.03.2019).

ein Mindestmaß an bürokratischer Struktur gefordert, welche die Planung und Durchführung der Gipfeltreffen in organisatorischer Hinsicht ermöglicht. Auf das Tätigwerden von Arbeitsgruppen und Spezialistenstäben wurde bereits hingewiesen. Mit der Einrichtung von Internetseiten wird zum einen der Online-Auftritt der BRICS gepflegt und zum anderen werden auf diesen Plattformen offizielle Dokumente, Berichte, Analysen, Statements sowie aktuelle Geschehnisse rund um die BRICS für die weitere Verwendung zur Verfügung gestellt. Unterstützung und Mithilfe der Organisation und Ausrichtung der Gipfeltreffen werden dem Gastgeberland jeweils von den übrigen vier Mitgliedstaaten zugesichert. So zum Beispiel in der Ufa-Deklaration 2015 mit Blick auf den Summit 2016 in Indien: „Russia, China, South Africa and Brazil convey their appreciation to India for its offer to host the Eighth BRICS Summit in 2016 and extend their full support to that end."[85] All diese Komponenten zählen in Summe gesehen zum Bürokratie-Apparat, der sich zwar im Hintergrund befindet, für die Austragung der Treffen aber eine entscheidende Rolle spielt.

Eine ganz entscheidende Rolle bei der Definition der BRICS in völkerrechtlicher Hinsicht spielt die Schaffung der NDB und des CRA im Jahr 2014. Sie sind ein klarer Hinweis dafür, dass die Institutionalisierung der BRICS in den letzten Jahren stark vorangeschritten ist. Zudem zeigt die Schaffung dieser Institutionen, dass die Organisation weit über gemeinsame Erklärungen, „soft law" und bloße Lippenbekenntnisse hinausgeht. Vor allem für Russland war es schon in einem frühen Stadium der Zusammenarbeit ein wichtiges Anliegen, die Entwicklung der BRICS voranzutreiben, um diese nachhaltig zu stärken und dadurch den Einfluss erhöhen zu können: „The long-term objective of the Russian Federation's participation in BRICS is to gradually transform the association from a dialogue forum and a tool to coordinate positions on a limited range of issues into a full-fledged mechanism of strategic and ongoing cooperation on key international

[85] VII BRICS Summit: 2015 Ufa Declaration, Ufa, 2015, <http://www.brics.utoronto.ca/docs/150709-ufa-declaration_en.html> (23.03.2019).

political and economic issues.“[86] Mit anderen Worten: Russland strebt die Weiterentwicklung der BRICS zu einer Internationalen Organisation an, anders ist die in einer offiziellen Aussendung des Außenministeriums veröffentlichte Strategie der weiteren Entwicklung der Organisation kaum zu deuten. BRICS ist mit der Einrichtung der NDB und dem CRA diesem Entwicklungsschritt 2014 ein weiteres Stück nähergekommen:

> „According to Mikhail Delyagin, head of the Institute of globalization problems, these steps mark a new direction within the organization. "Until recently BRICS was a club similar to the G7, but now, having established financial institutions similar to the IMF and the World Bank, it has taken a step towards becoming an organization", Delyagin said. […] "In my opinion, not all parties have come to a final decision about what they want [from BRICS]: a full-fledged, effective bloc, or just a format for certain multilateral relations," Kagarlitsky said. He said that potentially a powerful bloc could be established, fully capable of competing with the European Union. Toloraya also highlighted the fact that the move towards establishing BRICS as an institutional organization was slow and careful. "Not all countries want to establish some types of umbrella agencies," Toloraya said, noting that, at the same time, the formation of a virtual secretariat for the organization had been agreed upon at Ufa. He highlighted, in particular, that the very demonstration of solidarity among BRICS countries on important global issues in the current complex international environment in which Russia and China, particularly, find themselves is a remarkable achievement.“[87]

Einer der Hauptgründe, warum BRICS (derzeit noch) nicht eindeutig als Internationale Organisation von der Literatur eingeordnet wird, liegt wohl in der Wichtigkeit des Prinzips der Souveränität aller Staaten.[88] Aufgrund der historischen Gegebenheiten in den einzelnen BRICS-Ländern lehnen sie Interventionen und Einmischungen Dritter in innerstaatliche Angelegenheiten strikt ab und sie widersetzen sich einem allgemein existierenden Recht auf Intervention im Bedarfsfall. Die Souveränität ist auch eine der wichtigsten Eckpfeiler der UN, bei der die fünf BRICS-Länder zu den Gründerstaaten (China damals als Republik China und

[86] *Ministry of Foreign Affairs of the Russian Federation*, (FN 66).
[87] *A. Timofeychev*, BRICS now a full fledged organization, in Russia Beyond Online, 2015, <https://www.rbth.com/world/2015/07/10/brics_now_a_full_fledged_organization_44171> (22.03.2019).
[88] *M. Sornajarah*, The role of the BRICS in international law, 300, in V. Io Lo/M. Hiscock, The Rise of the BRICS in the Global Political Economy: Changing Paradigms?, Cheltenham, 2014, 288-307.

das heutige Russland als Folgestaat der Sowjetunion) zählen: „Aus dieser Charta kann eine Befugnis der Vereinten Nationen zum Eingreifen in Angelegenheiten, die ihrem Wesen nach zur inneren Zuständigkeit eines Staates gehören, oder eine Verpflichtung der Mitglieder, solche Angelegenheiten einer Regelung auf Grund dieser Charta zu unterwerfen, nicht abgeleitet werden; [...].“[89] Die BRICS hat sich in der Vergangenheit davor gescheut, innerstaatliche Kompetenzen abzugeben. Das ist aber der Fall, wenn aus der BRICS eine Internationale Organisation wird. Das würde bedeuten, dass es mindestens ein von den Mitgliedstaaten unabhängiges Organ gibt, das einen eigenständigen Willen bilden kann. Von russischer Seite wird ein großer Vorteil darin gesehen, dass die innerstaatliche Souveränität nicht beschränkt wird.[90] Es wird nämlich argumentiert, dass dies nicht die Handlungsfähigkeit einer eigenständigen und selbstbestimmten Politik beschränkt. Weiters führe dies nicht zur Abhängigkeit von anderen Ländern, weil die BRICS-Staaten voll und ganz selbst entscheiden können, ob und welche Partnerschaften oder Handelsbeziehungen sie eingehen möchten. Als Negativbeispiel werden die Länder der EU genannt, deren Abhängigkeit von den USA darin begründet sei, dass sie durch das Eintreten in die Union einen Teil ihrer Souveränität aufgegeben haben. Die Haltung der BRICS zur Souveränität wird in der Delhi Declaration 2012 bekräftigt:

> „We express our deep concern at the current situation in Syria and call for an immediate end to all violence and violations of human rights in that country. Global interests would best be served by dealing with the crisis through peaceful means that encourage broad national dialogues that reflect the legitimate aspirations of all sections of Syrian society and respect Syrian independence, territorial integrity and sovereignty. Our objective is to facilitate a Syrian-led inclusive political process, and we welcome the joint efforts of the United Nations and the Arab League to this end. We encourage the Syrian government and all sections of Syrian society to demonstrate the political will to initiate such a process, which alone can create a new environment for peace. [...].“[91]

[89] Art 1 Abs 7 Charta der UN.

[90] *O. Grishin/A. Dukhareva*, Russia and BRICS: some Trends and Prospects, 44, in Post-Soviet-Issues, 4/2017, 41-48.

[91] Fourth BRICS Summit - Delhi Declaration, 2012, <https://www.brics2017.org/english/documents/summit/201701/t20170125_1406.html> (21.03.2019).

Ein Mitgrund für die Ablehnung, vor allem in den Anfangsjahren, gegenüber dem Abgeben eines Teils der Souveränität kann darin begründet sein, dass es sich bei den BRICS um eine äußerst junge Organisation handelt. Je stärker die Zusammenarbeit und damit das gegenseitige Vertrauen wächst, umso mehr können die Vorteile einer noch tieferen Verbundenheit in den Vordergrund rücken. Der Kern dieser Arbeit liegt in der Untersuchung, ob sich die BRICS in den letzten Jahren zu einer Internationalen Organisation entwickelt hat.

Diese Frage kann in diesem Kapitel nicht abschließend behandelt werden, weil darauf im weiteren Verlauf der Arbeit detailliert einzugehen ist. Auf den eindeutigen Willen Russlands zu dieser Entwicklung wurde hingewiesen.

### b. BRICS und ihr internationaler Kontext

Formierungen wie die BRICS sind die logische Konsequenz der wirtschaftlichen und politischen Veränderungen seit der Jahrtausendwende: „The emergence of new plurilateral arrangements is a response to systemic vulnerabilities, structural changes and strategic power shifts in the world economy and the slow pace of reform of existing institutions.“[92] Die BRICS hat es sich zum erklärten Ziel gemacht, ein Gegenstück zu den bestehenden Institutionen zu schaffen und dabei vor allem der Hegemonie der USA in friedvoller Weise entgegenzuwirken. Dabei ist das Prinzip der Gerechtigkeit ein wichtiger Bestandteil, weil es für die BRICS-Staaten vor allem zu Beginn der Zusammenarbeit als schwierig galt, eine ernsthafte Konkurrenz für die Übermachtstellung der USA darzustellen und auch nur ansatzweise das politische Gewicht der Vereinigten Staaten erreichen zu können.[93] Obwohl eine neue Weltordnung geschaffen werden soll, gelten Frieden, internationale Sicherheit und Gerechtigkeit als oberste Prinzipien, die unter keinen Umständen angetastet werden dürfen. Unter dem besonderen Schutz sollen vor allem Entwicklungsländer stehen,

---

[92] *M. Larionova*, Cooperation for Growth and Development, 8, in International Organisations Research Journal, 1/2018, 7-33.
[93] *M. Sornajarah*, (FN 88), 290.

weil genau sie von den Folgen der Finanzkrise am stärksten betroffen waren und nun die Unterstützung der internationalen Gemeinschaft benötigen, um finanzielle Mittel lukrieren zu können.[94] Die internationale Orientierung von BRICS ist also nicht nur darauf ausgerichtet, die Wirtschaft der Mitgliedstaaten voranzutreiben, sondern auch den ärmsten Ländern dieser Welt unterstützend und fördernd unter die Arme zu greifen. Für China und Russland ist dabei in erster Linie die Dominanz des Dollars ein Dorn im Auge: „All das spricht für eine langfristige Strategie Russlands und Chinas, sich aus der Abhängigkeit von der US-Währung zu befreien, die [...] beide Länder verwundbar durch amerikanische Währungskriege machte."[95] Diese Ansätze sind auch bei anderen Staaten nicht unbemerkt geblieben. Mit der Schaffung der NDB und des CRA hat BRICS vor allem in Südamerika Interesse geweckt.[96]

Interessant ist auch das Verhältnis der BRICS zur UN. Einerseits wird deren herausragende Stellung bei der Erhaltung und Sicherung des Friedens und der internationalen Ordnung stets hervorgehoben, andererseits sieht die Organisation Reformbedarf: „Thus, strong commitment to the central role of the United Nations in ensuring a peaceful, equitable and democratic multipolar international order is coupled with the support of a comprehensive reform of the UN, including its Security Council, strengthening the role, capacity, effectiveness, accountability and efficiency of UN Peacekeeping, and enhancing transparency and inclusiveness in the process of selecting and appointing the UN Secretary-General."[97] Im Vergleich zur UN könnten die BRICS in Zukunft noch weiter an Einfluss dazugewinnen: „And the emerging BRICS consensus may soon become more relevant in the shaping future state practice and international norms and standards than the United Nations."[98]

---

[94] Joint Statement of the BRIC Countries' Leaders, (FN 11).
[95] *F. Engdahl*, (FN 36), 55.
[96] *E. Contipelli/S. Picciau*, BRICS Members' Interests and Priorities for Cooperation, 121, in International Organisations Research Journal, 2/2015, 120-128.
[97] *M. Larionova*, (FN 92), 20.
[98] *A. Thomashausen*, Is BRICS becoming an International organisation?, IOL News Online, 2018, <https://www.iol.co.za/news/opinion/is-brics-becoming-an-international-organisation-16291598> (23.03.2019).

Für die BRICS ist es daher wichtig, gemeinsame Standpunkte zu finden, um diese mit vereinten Kräften international verteidigen und durchsetzen zu können. Innerhalb der BRICS gibt es auf der einen Seite Themenbereiche, in denen es für die fünf Staaten relativ einfach ist, auf einen gemeinsamen Nenner zu kommen. Auf der anderen Seite lassen sich aber auch Themengebiete erkennen, bei denen sich die kulturellen, historischen und politischen Unterschiede bemerkbar machen. Dies liegt wohl in der Natur der Sache begründet. Zum einen wäre eine Zusammenarbeit innerhalb der Organisation sinnlos, wenn es nicht zumindest einige wenige Gebiete gibt, bei denen man auf einen Konsens bauen kann. Andererseits strebt jeder Mitgliedstaat für sich betrachtet nach dem bestmöglichen Ergebnis und möchte daher seine eigene Position so oft und stark als möglich durchbringen. Das ist die Grundlage von gegenseitigem Austausch und einer konstruktiven Diskussion. Ein Bespiel für ein Thema, bei dem die BRICS ohne große Unstimmigkeiten eine gemeinsame Politik verfolgt, ist jenes der internationalen Sicherheit.[99] Sobald bei einem Thema Einigkeit herrscht, stellt sich die Frage, wie rechtlich verbindliche Regeln in den einzelnen Mitgliedstaaten umgesetzt werden können. Im Wesentlichen gibt es hierbei zwei unterschiedliche Ansätze.[100] Zum einen kann eine supranationale Rechtsordnung, wie es bei der EU der Fall ist, geschaffen werden, wodurch in die Rechtsetzungs-Kompetenz der einzelnen Mitgliedstaaten eingegriffen wird. Zum anderen kann lediglich eine Harmonisierung von Rechtstexten angestrebt werden, so wie es bei den meisten zeitgenössischen Internationalen Organisationen der Fall ist. Dabei spielt der bereits thematisierte Aspekt der Souveränität eine große Rolle. In der EU haben die einzelnen Mitgliedstaaten einen Teil dieser aufgegeben, weil der EU durch die Zuweisung von ausschließlichen Zuständigkeiten grundsätzlich die alleinige Gesetzgebungsgewalt zukommt: „Übertragen die Verträge der Union für einen bestimmten Bereich eine ausschließliche Zuständigkeit, so kann nur die Union gesetzgeberisch tätig werden und verbindliche Rechtsakte erlassen; die

[99] *M. Sornajarah*, (FN 88), 299.
[100] *M. Antonov*, Systematization of Law: The BRICS Context and Beyond, 7f, in BRICS Law Journal, 1/2015, 7-14.

Mitgliedstaaten dürfen in einem solchen Fall nur tätig werden, wenn sie von der Union hierzu ermächtigt werden, oder um Rechtsakte der Union durchzuführen."[101] Russland steht einer derartigen Kompetenz-Übertragung ablehnend gegenüber und ist der Auffassung, dass Völkerrecht primär durch Konsens von Staaten entsteht. Die übrigen BRICS-Staaten, die in ihrer Vergangenheit alle entweder Kolonialisierung oder Unterdrückung erfahren musste, sehen darin die Gefahr von Eingriffen in die nationale Souveränität.[102] Im Fall der EU muss diese Konsensbildung nicht der Fall sein. Zwar ist der grobe Rahmen der Zusammenarbeit innerhalb der EU und den einzelnen Mitgliedern mittels definierten Zielen, Leit- und Grundsätzen vorgegeben, das Recht der EU genießt in den Mitgliedstaaten aber Anwendungsvorrang und ist daher auch dann anzuwenden, wenn es nicht deren Vorstellungen entspricht. Wer dies nicht einhält, riskiert ein Vertragsverletzungsverfahren nach 258ff AEUV. Eine derart starke Abhängigkeit von einer Organisation ist bei den BRICS-Staaten nur schwer vorstellbar:

> „Putatively, we have two paradigmatic variants of the organisation of law in regional unions which are represented, correspondingly, by the political and legal integration within the EU and by such economic communities as the ASEAN, the MERCOSUR or the Eurasian Economic Union. These two variants lead to different results with regard to the systematization of the law. In the first case, we have a new legal system whose relationship with the systems of the Member States suggests an analogy with the relations between the federal and regional law in federal states such as the USA or Brazil. This analogy is only reinforced due to the insistence of the EU structures that constantly remind the national states of the supremacy of European law, even if leaving a loophole for maintaining partial autonomy – margin of appreciation. [...] The first model seems not to be apt for the BRICS from the perspective of the great cultural and political differences between the member-countries that, at least currently, are insurmountable."[103]

Wird innerhalb der Organisation allerdings nur eine Harmonisierung in bestimmten Bereich, ähnlich einem Gentlement's Agreement, angestrebt, ist es für die BRICS nicht möglich, die sich selbst gesteckten Ziele zu erreichen und vor allem mehr zu

[101] Art 2 Abs 1 AEUV.
[102] *M. Sornajarah*, (FN 88), 300.
[103] *M. Antonov*, (FN 100), 8.

sein als eine Wirtschafts-Union. Daher wird der Ruf nach einer Systematisierung der unterschiedlichen Rechtssysteme laut. Dabei sollen die nationalen Rechtsordnungen der Mitgliedstaaten systematisiert und angeglichen werden und eine neue Form von Rechtsvorschriften geschaffen werden, welche die bestehenden internationalen und nationalen Vorschriften teilweise verdrängen.[104] Diese Entwicklung ist in den letzten Jahren vollzogen worden: „BRICS shall not be limited solely to the economic sphere of cooperation. The current status of BRICS already allows its Members to implement a number of international initiatives, for example, the BRICS Member States together opposed the intervention in Libya and Syria. [...] Thus, BRICS has a great potential and it is for its Member States to decide how it shall be implemented.[105] In diesem Zusammenhang wurde bereits 2013 festgehalten: „The BRICS nations have gradually emerged as a political force and have stated both political and economic objectives. They can no longer be regarded as a purely economic grouping. Their political objectives will have as much significance in shaping the world order as their economic objectives.“[106]

### c. Aufbau, Funktion und Organisation

Auf die Geschichte und Entwicklung der BRICS wurde in den einführenden Kapiteln bereits eingegangen. Die Schwierigkeit bei der Beschreibung der Organisationsstruktur besteht in erster Linie darin, dass kein offizielles Dokument oder ein Gründungsvertrag existiert, das bzw der den organisatorischen Aufbau detailliert regelt. Vergleicht man im Gegensatz dazu die EU, findet man im EUV genaue Regelungen, welche Organe es innerhalb der EU gibt, wie diese grob aufgebaut sind und welche Aufgabenbereiche ihnen zukommen. Das Fehlen einer derartigen rechtlichen Grundlage über den Aufbau einer Organisation birgt Vor- und Nachteile. Ein Vorteil liegt darin, dass bei strukturellen Veränderungen keine neuen

---

[104] *M. Antonov*, (FN 100), 8.
[105] *A. Abashidze/A. Solntsev/E. Kiseleva*, (FN 82), 4.
[106] *M. Sornajarah*, (FN 88), 289.

Vertragsverhandlungen geführt werden müssen, um das rechtliche Rahmenkonstrukt an die neuen Gegebenheiten anzupassen. Kurzfristige Änderungen sind so leichter und unkomplizierter durchführbar. Ein Nachteil ist in der fehlenden Übersichtlichkeit zu sehen. Am Beispiel der EU ist es überwiegend eindeutig, erstens, welche Organe überhaupt bestehen und zweitens, welche Kompetenzen diesen zukommen. Innerhalb der BRICS ist das nicht so eindeutig, was die Gefahr von Unsicherheiten für die Mitgliedstaaten birgt. Bei Fehlen einer rechtlichen Grundlage in Form einer Übereinkunft oder eines Vertrags rückt die Bedeutung eines gemeinsamen Konsenses stärker in den Vordergrund. Während es innerhalb der EU Organe zur Auslegung von Verträgen gibt, um damit Rechtsicherheit zu schaffen, obliegt es bei der BRICS den Staaten selbst, eine zufriedenstellende und für alle passende Lösung zu finden.

Startpunkt der gemeinsamen Zusammenarbeit war ein Treffen der Außenminister der fünf Länder im Rahmen einer UN-Vollversammlung im Jahr 2006.[107] Das erste eigenständige Gipfeltreffen auf Ebene der Staats- und Regierungschefs fand 2009 in Ekaterinburg (Russland) statt: „The BRICS summit quickly acquired a broad and dense array of ministerial and official-level bodies [...]. Stand-alone ministers' meetings started for foreign affairs in 2006; finance in 2008; agriculture, trade and health in 2010; education and science, technology and innovation in 2013; and environment in 2015. The peace and security club thus quickly became an economic and social development one."[108] Daraus lässt sich eine erste wichtige Erkenntnis ableiten: Die jährlichen Gipfeltreffen der Staats- und Regierungschefs bilden das Aushängeschild der BRICS. Neben dem Abhalten von Verhandlungen auf höchster Ebene dienen sie zweifelsohne auch dem symbolischen Wirkungsbild. Das gemeinsame Auftreten und Wirken der höchsten Staatsmänner in den BRICS-Staaten verdeutlicht den Zusammenhalt, zeigt Stärke und untermauert die kooperative Ausrichtung. Auf den Summits werden die wichtigsten Grundsatzentscheidungen getroffen, gemeinsame Beziehungen vertieft und Besprechungen über den weiteren

[107] *C. Starciuc*, (FN 6), 59.
[108] *J.J. Kirton*, (FN 10), 13.

Verlauf der Partnerschaft abgehalten. Weil die Themengebiete, auf denen die BRICS aktiv ist, aber derart breit gestreut sind, wäre es weder praktikabel noch durchführbar, auf diesen jährlichen Gipfeltreffen Verträge und ausgearbeitete Dokumente zu allen Bereichen zu präsentieren. Genau hierfür sind die Treffen auf ministerialer Ebene gedacht. Die Fachminister treten dabei zusammen, um auf dem jeweiligen Fachgebiet die Zusammenarbeit zu forcieren. Speziell für Russland war es von Beginn an stets ein wichtiges Anliegen, die BRICS weiterzuentwickeln, also einerseits die Institutionalsierung der Organisaton voranzutreiben und andererseits nationale Einrichtungen für die zwischenstaatliche Interaktion zu gründen.[109] Diesbezüglich konnten in den letzten Jahren einige Fortschritte erzielt werden, wobei vor allem das Jahr 2014 wichtige Neuerungen parat hielt. Im Zeitalter der Globalisierung und des immensen technischen Fortschritts war es für die BRICS 2015 ein überfälliger Schritt, eine gemeinsame Homepage zur Bereitstellung von Informationen und offiziellen Dokumenten einzurichten: „We welcome the signing of the MoU [Memorandum of Unterstanding] on the Creation of the Joint BRICS Website among our Foreign Ministries. It will serve as a platform for informing people of our countries and the wider international community about BRICS principles, goals and practices. We will explore the possibility of developing the BRICS Website as a virtual secretariat."[110] Die Einrichtung der Homepage als virtuelles Sekretariat gibt damit Privatpersonen auf einfachem Wege die Möglichkeit, über Neuigkeiten rasch informiert zu werden. Weiters dient die Website als Sprachrohr, da mittels einer eingerichteten E-Mailadresse Anliegen, Fragen oder Anregungen an die BRICS herangetragen werden können. Dadurch erfüllt die Homepage, ähnlich einem physischen Bürogebäude, die Grundanforderungen einer ersten Anlaufstelle. Für die Struktur der BRICS war dies ein wichtiger Schritt, weil dadurch der Kommunikationsprozess zu den Staatsbürgern der BRICS sichergestellt ist, sodass diese nun mit der Organisation in Kontakt treten können.

---

[109] *Ministry of Foreign Affairs of the Russian Federation*, (FN 66), 2012; *O. Grishin/A. Dukhareva*, (FN 90), 43.
[110] VII BRICS Summit: 2015 Ufa Declaration, (FN 85), (23.03.2019).

Im Jahr 2014 wurden die Verträge über die Errichtung der NDB und des CRA unterschrieben, 2015 nahmen diese Finanz-Institutionen ihre Arbeit auf. Die NDB und die CRA bilden den finanziellen Rahmen für die BRICS. Ziel der BRICS ist es damit, eine Alternative zu den vornemlich westlich dominierten Finanz-Institutionen zu schaffen. Die BRICS prangern häufig gemeinsam die Ungerechtigkeit oder fehlende Repräsentativität in internationaler Institutionen an, wobei diese Vorgehensweise nicht als Drohung oder Bedrohung gesehen werden sollte.[111] Ähnliches gilt auch für die NDB, die klar durch die BRICS als komplementär zur und nicht als Ersatz für die Weltbank verstanden wird. Die Ausgangslage von BRICS war es, für eine gerechtere Repräsentanz und eine Umverteilung des Stimmgewichts in internationalen Institutionen einzutreten. Weil das nur mäßigen Erfolg hatte, schuf die BRICS diese zwei Einrichtungen:

> „Sound macroeconomic policies, efficiently regulated financial markets and robust levels of reserves have allowed the BRICS economies to better deal with the risks and spillover effects presented by the challenging global economic conditions in the last few years. In this context the BRICS economies are taking the necessary steps to secure economic growth, maintain financial stability and speed up structural reforms. We will also continue to work to intensify our financial and economic cooperation, including within the New Development Bank and the BRICS Contingent Reserve Arrangement to build upon our synergies."[112]

Darüber hinaus hat sich innerhalb der Organisation ein Netzwerk an Kommittes, Ausschüssen und Räten gebildet. Stellvertretend genannt werden soll an dieser Stelle der BRICS Business Council. Dieser soll in erster Linie für eine noch engere Geschäftsbeziehung zwischen den Ländern sorgen und eine Plattform des ständigen Austauschs darstellen.[113] Unter der Federführung des BRICS Business Councils haben sich neue Arbeitsgruppen entwickelt, die in verschiedenen wirtschaftlichen Bereichen die Kooperation vorantreiben sollen. Die Vorteile, die in diesen

---

[111] *M. Prys-Hansen/D. Nolte*, BRICS und IBSA: Die Clubs der aufsteigenden Mächte verlieren an Glanz, 9, in Giga Focus Global, 5/2016, 1-12.

[112] VII BRICS Summit: 2015 Ufa Declaration, (FN 85), (23.03.2019).

[113] Joint Statement of the BRICS Business Council Meeting, Johannesburg, 2013, <https://www.bricsbusinesscouncil.in/docs/documents/STATEMENT.pdf> (26.03.2019).

Arbeitsgruppen gesehen werden, ist die Schärfung des gegenseitigen Verständnisses für das Funktionieren der jeweiligen nationalen Märkte sowie die Bildung von Synergien und die Bündelung von Kräften, um damit die industrielle Entwicklung und die Schaffung von Arbeitsplätzen fördern zu können.[114] Damit soll schrittweise eine noch stärkere Annäherung zwischen den Mitgliedstaaten erreicht und eine länderübergreifende Zusammenarbeit, etwa durch die Expansion von Firmen oder die Auslagerung von Produktionsschritten, angestrebt werden. Dies lässt sich vor allem dann realisieren, wenn fachspezifische Rechtsgebiete harmonisiert sind oder Hilfsmittel zur Beratung und Information zur Verfügung gestellt werden.

### d. Rechtsetzung

Interessant ist die Analyse, wie die BRICS gemeinsam getroffenen Absprachen Rechtsverbindlichkeit zukommen lassen kann. Dazu ist zunächst das Bestreben nach einheitlichen Regelungen hervorzuheben: „[...] law primarily is of use for communication between subjects of law. So, legal activity is the activity of people in a social environment, whose interests and legal purposes collide, coincide, overlap and need to be organized. That is a purpose of law."[115] Regeln schaffen Sicherheit, greifen im Idealfall genau dort ein, wo es nötig ist und sorgen für klare Vorgaben. Für die BRICS sind sie die Spielregeln der Zusammenarbeit und dienen jenen Vorteilen, die am Ende des vorhergenden Kapitels erläutert wurden. Klare Regeln sind der Grundstein für eine erfolgreiche Zusammenarbeit.

Es wurde bereits aufgezeigt, dass der Organisation im Gegensatz zur EU zum Beispiel ein von den Mitgliedstaaten losgelöstes Rechtsetzungsorgan fehlt. Der Vorteil liegt darin, dass die Mitgliedstaaten keine Souveränität abgeben und getroffene Abmachungen nur durch die jeweils national vorgesehenen Mechanismen zu Gesetzen werden. Ein Nachteil ist darin zu erblicken, dass innerhalb der EU von

---

[114] BRICS Business Council – Official Homepage, <https://www.bricsbusinesscouncil.in/> (26.03.2019).

[115] *L. Berg*, The establishment of legal rules as an element of the system of legal influence: an instrumental approach, 117, in BRICS Law Journal, 3/2018, 114-134.

einem zentralen Organ verbindliche Regelungen erlassen werden können, die unmittelbar in den Mitgliedstaaten einen Anwendungsvorrang genießen. Im Gegensatz dazu bedarf es bei den BRICS fünf innerstaatlicher Vorgänge, um eine einheitliche Regelung erreichen zu können. Dieses System mag daher etwas schwerfällig wirken, liegt aber darin begründet, dass sich die Mitgliedstaaten bis jetzt davor gescheut haben, einen Teil ihrer (Selbstbestimmungs-) Autonomie abzugeben. Bei der Analyse der Gipfeltreffen ist auffällig, dass die Schaffung von verbindlichen Entscheidungen vor allem in den Anfangsjahren eine rasante Entwicklung genommen hat: „[...] decision making through producing commitments with precision, obligation and future orientation, as highlighted by the legalization variant of liberal-institutionalist theory, performance rose [...]. The BRICS summit started with only 15 commitments in 2009, quickly spiked to 45 in 2010 and remained at about that level through to 2013. It took the G7 summit six years to reach a similar level."[116] Aus wirtschaftlicher Sicht hat die Zusammenarbeit zur Bildung von transnationalen Unternehmen geführt. Dies machte den Ruf nach einheitlichen Regeln laut, denn für diese Unternehmen ist es klarerweise bedeutend einfacher, in allen fünf Ländern harmonisierte Rechtsnormen einzuhalten, als sich mit fünf verschiedenen Rechtsordnungen auseinanderzusetzen, um etwaige Rechtsbrüche vermeiden zu können.[117] Sie forderten daher in Abwesenheit von Verträgen oder Abkommen die Schaffung von *soft law* oder anderen Formen von Rechtsvorschriften, um in rechtlichen Graubereichen Klarheit zu schaffen.

Dazu ist es wichtig, dass die Mitgliedstaaten im Austausch stehen, um bei den rechtlichen Aufgaben und Problemstellungen auf eine enge Kooperation setzen zu können. Dazu wurde 2014 das BRICS Legal Forum ins Leben gerufen, um das rechtliche Verständnis im Verhältnis zu den übrigen Mitgliedstaaten zu erhöhen. Das Forum dient dazu, die Kommunikation zwischen den Rechtskreisen und rechtswissenschaftlichen Lehrstühlen in den einzelnen Staaten anzuregen, um damit

---

[116] *J.J. Kirton*, (FN 10), 15.
[117] *M. Zakharova/V. Przhilenskiy*, Experiences of Legal Integration and Reception by the BRICS countries: Five passengers in a boat (without a dog), 15, in BRICS Law Journal, 2/2018, 4-23.

die Kooperation in rechtlichen Materien zu erweitern und zur Verbesserung der Rechtsstaatlichkeit insgesamt beizutragen. Ein Fokus liegt auch darauf, den Rechtsdiskurs und die Entscheidungsgewalt anzukurbeln, um die Schaffung einer gerechten Weltordnung vorantreiben zu können.[118] Bei den jährlich stattfindenden Konferenzen werden aktuelle Rechtsfragen diskutiert, Rechtsvergleiche angestellt und aktuelle rechtspolitische Entwicklungen besprochen. Außerdem lassen sich auch Bestrebungen erkennen, BRICS bei nationalen Konferenzen teilhaben zu lassen. So wurde das 3. Siberian Legal Forum 2018 dazu genutzt, Rechtsaspekte der BRICS einfließen zu lassen. Eigentlich handelt es sich dabei um ein rein nationales Forum Russlands, wobei die jährliche Tagung 2018 als offene Plattform diente, Rechtsexperten aus den fünf BRICS-Ländern die Möglichkeit einzuräumen, über jeweilige Staatspraktiken sowie Tendenzen in nationalen Rechtssystemen und dem Völkerrecht zu referieren und diskutieren.[119] Die Experten aus den fünf BRICS-Ländern gaben zudem einen Überblick über aktuelle Entwicklungen in den für die Organisation entscheidendendsten Rechtsgebieten wie zum Beispiel Bank- und Kapitalmarktrecht, Finanzrecht, Menschenrechte und Umweltschutz. Dass derartige Veranstaltungen dazu beitragen, das Verständnis für fremde Rechtsordnungen zu erhöhen und dadurch Möglichkeiten geschaffen werden, Ideen für Verbesserungen und Veränderungen zu bekommen, steht außer Frage.

Eine wesentliche Rolle bei der Rechtsetzung der BRICS spielt der Begriff des *soft law*, also die Formulierung von Absichtserklärungen und grundsätzlich nicht verbindlichen Leitsätzen:

> „We define international soft law as a set of written, advisory prescriptions. This minimalist definition distinguishes soft law from other types of international rules. First, soft law consists of written prescriptions, which detail specific actions intended to shape behavior. It differs from unwritten norms or beliefs that may guide practice but have not been explicitly articulated or codified […]. Second, while soft law agreements prescribe appropriate market

[118] BRICS Legal Forum – Official Homepage, < http://bricslegalforum2018.org/about-brics-legal-forum-2018/> (27.03.2019).

[119] *S. Racheva*, III Siberian Legal Forum: Legal Aspects of the BRICS Cooperation in a globalized world, 160, in BRICS Law Journal, 1/2019, 159-169.

> behavior and national regulation, they do not include formal adherence obligations, mutually agreed by the objects of regulation, whether sovereign states, their representatives, international organizations, or private actors. In contrast to some provisions of treaties and other types of international "hard" law, soft law does not constitute a legal contract among sovereign states in the traditional sense. […] Rather than expressions of collective agreement by those governed to enforce and implement, soft law texts give advice, guidance, recommendations, and best practices."[120]

Ein Beispiel für eine *soft law*-Bestimmung findet sich in Punkt 10 der Ufa-Deklaration: „We reaffirm the intention to strengthen the principle of equitable and mutually respectful cooperation of sovereign states as the cornerstone of international activities to promote and protect human rights. We will continue to treat all human rights […] on the same footing and to give them equal attention. We will take every effort to bolster constructive and non-politicized human rights dialogue at all relevant international fora, including the United Nations."[121] Mit dieser gemeinsamen Erklärung der BRICS werden keine verbindlichen Regeln festgesetzt, sondern primär die Wichtigkeit der Menschenrechte zum Ausdruck gebracht. Es fehlt eine Bestimmung, die im Falle einer Missachtung zur Anwendung kommt. Außerdem ist auf die Schwierigkeit der Auslegung hinzuweisen. Die Phrasen *treat all human rights on the same footing* und *take every effort* sind unbestimmt und nicht messbar. Es lässt sich kaum nachweisen, ob ein Staat alle erdenklichen Maßnahmen zur Einhaltung der Menschenrechte unternimmt. Um dies ohne Zweifel verneinen zu können, bedarf es eines groben Verstoßes. Innerhalb der BRICS ist es eine Art des *Goodwill*, der die Einhaltung sicherstellt. Die Erklärungen basieren auf dem Konsens-Prinzip, einzelne Punkte werden nur in eine Deklaration aufgenommen, wenn sich alle fünf Mitgliedstaaten dafür ausgesprochen haben. Es handelt sich dabei um zentrale Punkte, bei denen es kaum Konfliktpotential gibt. Daher liegt es im Interesse der einzelnen Länder, die getroffenen Vereinbarungen innerstaatlich einzuhalten, um

---

[120] *A. Newton/E. Posner*, Voluntary Disruptions: International Soft Law, Finance, and Power, Oxford, 2018, 16f.

[121] VII BRICS Summit: 2015 Ufa Declaration, (FN 85), (23.03.2019).

auch international deren Durchsetzung fordern zu können. Man kann dies auf eine Form des Gruppenzwangs herunterbrechen: Halten sich vier Mitglieder an eine Vereinbarung, ist auch das fünfte dazu verpflichtet.

## 4. Charakteristik einer Internationalen Organisation

### a. Einführung

Es gehört einer mittlerweile längst veralteten Ansicht an, dass auf internationaler Bühne nur Staaten als handelnde Akteure auftreten. In der internationalen Politik sowie im Völkerrecht sind es in erster Linie Internationale Organisationen, die neben Staaten und nichtstaatlichen Akteuren eine wichtige Rolle spielen. Es ist bereits seit länger Zeit zu beobachten, dass in der internationalen Politik zunehmend staatenübergreifende Regeln getroffen werden und daher die Einrichtung von zwischenstaatlichen Institutionen sowie Organisationen einen immer höheren Stellenwert einnimmt.[122] Sie treten zu den Staaten als originären Völkerrechtssubjekten hinzu und haben sich im völkerrechtlichen Konstrukt in eine entscheidende Position gebracht. Die Geschichte der Internationalen Organisationen reicht bis ins 19. Jahrhundert zurück. Sie hat aber bereits einige Jahrhunderte vor Christus ihre Wurzeln. Denn die Hoffnung, die internationale Politik mit Hilfe neuer Kooperationsformen steuern und zu ihrer Verbesserung beitragen zu können, hat schon eine lange Tradition.[123] Ein großer Boom hat dann vor ziemlich genau 100 Jahren eingesetzt:

> „Der große Aufschwung der internationalen Organisationen als Institutionen der politischen Zusammenarbeit mit eigener Rechtspersönlichkeit vollzog sich mit der Errichtung des Völkerbundes im Jahre 1919 *(League of Nations, Société des Nations)* und der zeitgleich geschaffenen Internationalen Arbeitsorganisation *(International Labour Organization)*. Eine neue Entwicklungsstufe wurde mit der Errichtung der Vereinten Nationen und ihnen verbundener Spezialorganisationen erreicht. Heute vollzieht sich das zwischenstaatliche Zusammenwirken auf außen- und verteidigungspolitischem, wirtschaftlichem und technischem Gebiet ganz entscheidend über internationale Organisationen.“[124]

[122] *D. Peters/K. Freistein/J. Leininger*, Theoretische Grundlagen zur Analyse internationaler Organisationen, 3, in K. Freistein/J. Leininger, Handbuch Internationale Organisationen, München, 2012, 3-27.
[123] *D. Peters/K. Freistein/J. Leininger*, (FN 122), 4.
[124] *M. Herdegen*, §10. Internationale Organisationen, RN 2, in Völkerrecht[17], München, 2018, <https://ebibliothek.beck.de/Dokument?vpath=bibdata%2Fkomm%2FHerHdbVoelker_17%2Fcont%2FHerHdbVoelker.glsect10.gl1.gla.htm> (28.03.2019).

Das unterstreicht die überragende Bedeutung, die Internationalen Organisationen vor allem in der Zeit der Globalisierung zukommt. Die Internationalen Organisationen waren in der ersten Hälfte des 20. Jahrhunderts vorrangig zur Sicherung des Friedens und zur Koordinierung der Politik zwischen den Staaten eingerichtet. Ihre Aufgabengebiete haben sich seither stark erweitert und sind kaum mehr einschränkbar, sie können etwa Gebiete wie Umwelt oder Handel umfassen.[125] Es ist daran das Bestreben von Staaten zu erkennen, mittels eines von diesen losgelösten Organisationsverbunds ein gemeinsames Ziel zu verfolgen, Interessensvertretung zu betreiben und für einen gemeinsamen Zweck zusammenzutreten. Ein gemeinsames Agieren ohne institutionalisierte Grundlage ist in der heutigen Zeit nur mehr schwer vorstellbar. Internationale Organisationen sind deswegen die zentralen Elemente der immer stärker einsetzenden Institutionalisierung, weil sie von ihren Mitgliedern zu nahezu jedem beliebigen Zweck geschaffen, mit ihrer Funktion dienlichen Kompetenzen ausgestattet werden können und durch ihre verfestigten inneren Strukturen und selbständigen Willensbildung eine kontinuierliche Aufgabenerledigung in hohem Maß gesichert werden kann.[126] Freilich hängt die Effizienz einer Internationalen Organisation unter anderem davon ab, welche Kompentenzen ihr von den Mitgliedstaaten übertragen werden und welche Zielsetzung sie verfolgt.

Zu den wichtigsten Funktionen einer Internationalen Organisation zählen „agenda-setting, Normsetzung und Sozialisation, Regulierung, die Überwachung von Regeleinhaltung (monitoring) oder die Bereitstellung und Verbreitung von Informationen […], überdies können internationale Organisationen Kooperation fördern und zur Befolgung von Normen beitragen […].“[127] Diese Liste an Aufgaben lässt sich noch wesentlich erweitern:

---

[125] *D. Peters/K. Freistein/J. Leininger*, (FN 122), 5.

[126] *E. Klein/S. Schmahl*, Die Internationalen und die Supranationalen Organisationen, 254, in A. Proelß/W. Vitzthum, Völkerrecht[7], Berlin, 2016, 247-359.

[127] *D. Peters/K. Freistein/J. Leininger*, (FN 122), 7.

„International organizations serve many diverse functions, including collecting information and monitoring trends (e.g., the World Meteorological Organization), delivering services and aid (e.g., the World Health Organization), and providing forums for bargaining (e.g., the European Union) and settling disputes (e.g., the World Trade Organization). By providing political institutions through which states can work together to achieve common objectives, international organizations can help to foster cooperative behaviour. IGOs also serve useful purposes for individual states, which often use them as instruments of foreign policy to legitimate their actions and to constrain the behaviour of other states.“[128]

Das verdeutlicht das breit gefächerte Gebiet an Aufgaben und Funktionen, die Internationalen Organisationen mittlerweile zukommen können. Diese rasante Entwicklung hat vor allem in der zweiten Hälfte des 20. Jahrhunderts Fahrt aufgenommen, was sich auch in den Entwicklungszahlen widerspiegelt.[129]

Als Musterbeispiel für eine Internationale Organisation ist die UN hervorzuheben, die dank eines dichten Netzwerks an Unterorganisationen nach einem umfassenden Mandat strebt. Die Arbeit der UN hat, wie der Name der Organisation bereits stark vermuten lässt, ein multidimensionales Ausmaß und lässt sich in drei Hauptfelder unterteilen.[130] Der erste Bereich betrifft Aufgaben zur Sicherung des Weltfriedens und der Erhaltung der internationalen Sicherheit, der zweite Aufgaben im Bereich des Menschenrechtsschutzes sowie der Entwicklung des Völkerrechts und der dritte Aufgaben in den Bereichen Umwelt, Wirtschaft und Entwicklung. Die UN gilt damit als Paradebeispiel für eine Internationale Organisation, deren Tätigkeitsfeld sich nicht auf einen speziellen Bereich beschränkt, sondern allumfassend ist. Dies ist auch dadurch bedingt, dass die UN mit insgesamt 193 Mitgliedstaaten eine globable Organisation ist und damit im Vergleich zu anderen Internationalen Organsiationen auf eine immense Reichweite und Akzeptanz bauen kann: „So viele Schwächen die UN immer aufweisen mögen, mit ihnen hat sich die Vorstellung einer die ganze Erde umspannenden organisierten Staatengemeinschaft endgültig durchgesetzt.

---

[128] *international organization*, Britannica Academic, Encyclopædia Britannica, 2016, <academic.eb.com/levels/collegiate/article/international-organization/42598> (14.03.2019).
[129] *D. Peters/K. Freistein/J. Leininger*, (FN 122), 4f.
[130] *J. Varwick*, VN, 249, in K. Freistein/J. Leininger, Handbuch Internationale Organisationen, München, 2012, 248 260.

Dies kommt auch in der ihre universelle Aufgabe spiegelnden Mitgliederzahl zum Ausdruck (2015: 193). Die UN gelten als der Prototyp der I. O. schlechthin."[131] Herauszustreichen sind ihr hoher Grad an Institutionalsierung und die Organisationsstruktur, die eine wesentliche Grundlage für die Erreichung der Ziele der UN sind.

Ebenfalls hervorhebenswert ist die EU, der als supranationale Organisation eine Sonderstellung zukommt. Jene Organisationen, bei denen Mitgliedssataaten Teile ihrer Souveränität an gemeinsame Organe abtreten, werden als supranational oder überstaatlich bezeichnet. Diese verfügen über eine eigenständige Rechtsordnung, die in einigen Bereichen Vorrang über das nationale Recht der Mitgliedstaaten genießt.[132] Der wesentliche Unterschied besteht also in der unterschiedlichen Wirkung von Rechtsakten.[133] Rechtsakte der supranationalen Organisationen, zum Beispiel Verordnungen der EU, sind dazu fähig, die Souveränität der Mitgliedstaaten zu durchbrechen, indem sie unmittelbare Geltung entfalten. Im Gegensatz dazu verpflichten Rechtsakte durchschnittlicher Internationaler Organisationen lediglich die Mitgliedstaaten, Normen durch den hierfür vorgesehenen innerstaatlichen Mechanismus in nationales Recht zu transferieren und dadurch an die unter ihrer Hoheitsgewalt liegenden Personen weiterzugeben. Eine besondere Eigenschaft der EU ist es, dass es einerseits Organe gibt, in denen die Mitgliedstaaten vertreten sind, und andererseits Organe, die von diesen völlig unabhängig sind und eigenständige Entscheidungen treffen können: „In the case of supranational organizations, we find a combination of organs composed of States and supranational organs. The organizations of this type in existence at the present day (i.e. those of the European

---

[131] *E. Klein/S. Schmahl*, (FN 126), 256.
[132] *D. Peters/K. Freistein/J. Leininger*, (FN 122), 8.
[133] *E. Klein/S. Schmahl*, (FN 126), 258.

Communities) possess a supranational executive authority (commission), an organ (council) composed of States, a parliamentary assembly, a court of justice and further organs with consultative powers.“[134]

An einigen Stellen dieser Arbeit wurde die EU aufgrund ihrer klaren Gründungsstruktur bereits als Beispiel verwendet. Das wird sich auch im weiteren Verlauf dieser Arbeit so fortsetzen, da sich einige Elemente gut an der EU darstellen lassen.

## b. Definition und charakteristische Merkmale

Auch wenn der Stellenwert von Internationalen Organisationen als globale Player in der internationalen Politik und dem Völkerrecht stark an Bedeutung gewonnen hat, hat sich noch keine feste Definition entwickelt. Dies mag darin gelegen sein, dass sich die aufgrund der großen Anzahl mittlerweile nur mehr schwer überblickbare Vielzahl an Internationalen Organisationen durch ihre Unterschiede nur schwer miteinander vergleichen lassen. Im Wesentlichen besteht in der Literatur aber Einigkeit über die grundlegenden Eigenschaften. Dabei orientiert man sich vorrangig an jenen Eigenschaften, die den wichtigsten Internationalen Organisationen (zB UN, ILO, Europarat) gemein sind: „Internationale Organisationen sind durch Verträge oder sonstige anerkannte, völkerrechtlichen Instrumente gegründete auf Dauer angelegte Körperschaften, die zu einer eigenen, vom Willen ihrer Mitglieder unterscheidbaren Willensbildung fähig sind.“[135] Bei folgender Definition wird der Aspekt des gemeinschaftlichen Wirkens und das Streben nach einem Ziel besonders in den Vordergrund gerückt: „Danach kann eine I. O. definiert werden als ein auf völkerrechtlichem Vertrag beruhender mitgliedschaftlich strukturierter Zusammenschluss von zwei oder mehreren Völkerrechtssubjekten (meist Staaten),

---

[134] *R. Bindschedler*, International Organizations, General Aspects, 128, in R. Bindschedler, International Organizations in General Universal International Organizations and Cooperation, Amsterdam, 1983, 119-140.

[135] *M. Beham/M. Fink/R. Janik*, Völkerrecht verstehen, Wien, 2015, 103.

der mit eigenen Organen Angelegenheiten von gemeinsamem Interesse besorgt."[136] Ähnlich lautet dies auch in der folgenden Erläuterung, die davon ausgeht, dass Internationale Organisation in der überwiegenden Mehrzahl der Fälle von Staaten gegründet werden: „The term international organizations denotes an association of States established by and based upon a treaty, which pursues common aims and which has its own special organs to fulfil particular functions within the organization."[137] Aus diesen Ausführungen lassen sich schlussendlich zwei konstituierende Eigenschaften herausfiltern.[138] Erstens lässt sich eine Internationale Organisation auf einen völkerrechtlichen (Gründungs-) Vertrag von mindestens zwei Staaten (oder anderen Völkerrechtssubjekten) oder einem sonstigen anerkannten Instrument des Völkerrechts zurückführen. Zweitens verfügt eine internationale Organisation auf Grund ihrer inneren Struktur über mindestens ein eigenes Organ. Drittens kann sie einen selbstständigen Willen nicht nur bilden, sondern diesen auch nach außen umsetzen.

Um das Vorliegen einer Internationalen Organisation bejahen zu können, müssen also drei Elemente kumulativ vorliegen. Erstens muss die Gründung der Organisation durch ein anerkanntes völkerrechtliches Instrument, im Regelfall handelt es sich dabei um einen schriftlichen Gründungsvertrag, erfolgen. Warum es im Fall der BRICS besonders wichtig ist, dass ein Gründungsvertrag nicht ausnahmslos und zwingend notwendig ist, um von einer Internationalen Organisation sprechen zu können, wird sich im weiteren Verlauf dieser Arbeit noch zeigen. In der Literatur sind daher jene Definitionen zu bevorzugen, die davon ausgehen, dass zur Gründung einer Internationalen Organisation allgemein ein allgemein anerkanntes Instrument des Völkerrechts – also etwa auch Völkergewohnheitsrecht – nötig ist. Zweitens muss die Organisation über mindestens ein Organ verfügen, dem eine konkrete Aufgabe zukommt. Drittens muss dieses Organ dazu fähig sein, einen eigenständigen und damit von den Mitgliedstaaten unabhängigen Willen bilden zu können.

[136] *E. Klein/S. Schmahl*, (FN 126), 258.
[137] *R. Bindschedler*, (FN 134), 120.
[138] *M. Herdegen*, (FN 124), RN 3.

## c. Internationale Organisationen und ihre Rechtsfähigkeit

Wie jedes nationale Recht kennt auch das Völkerrecht eine Rechtssubjektivität. Ein Synonym daür lautet Völkerrechtspersönlichkeit. Diese beschreibt die Fähigkeit, Träger von völkerrechtlichen Rechten und Pflichten sein zu können.[139] Allerdings ist es in völkerrechtlicher Hinsicht weitaus schwieriger abzugrenzen, wem solche Rechtssubjektivität zukommt. Im Vergleich zu nationalen Rechtssystemen gibt es nämlich gravierende Unterschiede in Bezug auf Rechte und Pflichten sowie den Umfang der Fähigkeit, Handlungen im völkerrechtlichen Sinn vornehmen zu können. Es gibt verschiedene Arten, wie die Verleihung von Völkerrechtspersönlichkeit zustandekommen kann:

> „Die Völkerrechtsfähigkeit kann einer internationalen Organisation durch ausdrückliche Bestimmung im Gründungsvertrag verliehen sein [...], sie kann sich aber auch implizit aus dem vertraglichen Organisationszweck oder sonst aus vertraglichen Vorschriften über Rechte und Pflichten der Organisation (insbesondere den möglichen Abschluss völkerrechtlicher Verträge) ergeben (implied powers). [...] Im Regelfall entsteht eine internationale Organisation als rechtsfähiges Gebilde unmittelbar mit der Errichtung auf Grund des Gründungsvertrages, aus dem sich ausdrücklich oder mittelbar mögliche Rechte und Pflichten der Organisation auf völkerrechtlicher Ebene ergeben. Es ist dabei auch denkbar, dass Formen der institutionalisierten Zusammenarbeit von Staaten allmählich zu einer internationalen Organisation erstarken und gewissermaßen schrittweise (etwa mit dem Abschluss von völkerrechtlichen Abkommen) in die Völkerrechtspersönlichkeit 'hineinwachsen'."[140]

Ein Beispiel für die Verleihung von Völkerrechtsfähigkeit durch explizite Bestimmung im Gründungsvertrag ist die EU: „Die Union besitzt Rechtspersönlichkeit."[141] Völkerrechtspersönlichkeit ist insofern wichtig, als damit Internationalen Organisationen Handlungsfähigkeit zukommt.[142] Handlungsfähigkeit in völkerrechtlicher Hinsicht bedeutet demnach, durch eigenes Verhalten rechtswirksam Rechte und Pflichten begründen zu können. Von der

---

[139] *M. Beham/M. Fink/R. Janik*, (FN 135), 78.
[140] *M. Herdegen*, (FN 124), RN 4f, <https://ebibliothek.beck.de/?vpath=bibdata%2Fkomm%2FHerHdbVoelker_17%2Fcont%2FHerHdbVoelker%2Eglsect10%2Egl1%2Eglb%2Ehtm> (28.03.2019).
[141] Art 47 EUV.
[142] *M. Beham/M. Fink/R. Janik*, (FN 135), 108.

Völkerrechtsfähigkeit zu unterscheiden ist die innerstaatliche Rechtsfähigkeit, die vor allem im Sitzstaat essentiell ist, damit eine Internationale Organisation im rechtsgeschäftlichen Verkehr auftreten kann.[143] Das muss nicht unbedingt hochkomplexe juristische Gebiete betreffen, sondern ist auch bei Geschäften des täglichen Lebens wichtig.[144] Von der innerstaatlichen Rechts- und Geschäftsfähigkeit hängt zum Beispiel ab, ob eine internationale Organisation in einem Staat Liegenschaften oder anderes Vermögen erwerben kann, zum Abschluss von Verträgen berechtigt ist und in sonstiger Weise im Privatrechtsverkehr auftreten kann. In der Mehrzahl der Fälle ist die Rechts- und Geschäftsfähigkeit einer Internationalen Organisation in den einzelnen Mitgliedstaaten ausdrücklich im Gründungsvertrag geregelt. Im Übrigen ergibt sich die Anerkennung der innerstaatlichen Rechts- und Geschäftsfähigkeit einer dem Gründungsvertrag entnehmbaren Verpflichtung an die Mitgliedstaaten, einer Internationalen Organisation diese insoweit zu gewährleisten, als zur Erfüllung ihrer Aufgaben im innerstaatlichen Recht notwendig ist. Dies bezeichnet man im Völkerrecht auch als *implied powers*-Lehre.[145]

Wieder dient die EU als plakatives Beispiel, wie Regelungen zur Rechts- und Geschäftsfähigkeit ausdrücklich normiert werden können: „Die Union besitzt in jedem Mitgliedstaat die weitestgehende Rechts- und Geschäftsfähigkeit, die juristischen Personen nach dessen Rechtsvorschriften zuerkannt ist; […].“[146] Während die innerstaatliche Rechtsfähigkeit nur nationale Bedeutung entfaltet, bezieht sich die Völkerrechtssubjektivität auf den zwischenstaatlichen und damit völkerrechtlichen Bereich. Zu fragen ist daher erstens, ob einer Organisation Rechtspersönlichkeit zukommt, sowie darauf aufbauend zweitens, wem gegenüber diese besteht.

[143] *M. Beham/M. Fink/R. Janik*, (FN 135), 108.
[144] *M. Herdegen*, (FN 124), RN 6f, <https://ebibliothek.beck.de/?vpath=bibdata%2Fkomm%2FHerHdbVoelker_17%2Fcont%2FHerHdbVoelker%2Eglsect10%2Egl1%2Eglc%2Ehtm> (28.03.2019).
[145] *Business Dictionary,* doctrine of implied powers, 2019, <http://www.businessdictionary.com/definition/doctrine-of-implied-powers.html> (28.03.2019).
[146] Art 335 AEUV.

## d. Abgrenzung zu internationalen nichtstaatlichen Organisationen

Der Fokus dieser Arbeit ist auf zwischenstaatliche Organisationen, deren Gründungsmitglieder Staaten sind, gerichtet. Davon zu unterscheiden sind internationale nichtstaatliche Organisationen (INGO/NGO), worunter „internationale Organisationen, die nicht auf ein zwischenstaatliches (völkerrechtliches) Übereinkommen zurückgehen“[147], verstanden werden. die sich als zivilgesellschaftliche Vertretung an internationalen Aufgaben beteiligen:

> „Zum einen werden INGOs als eigenständige Akteure internationaler Politik verstanden. Als solche beteiligen sie sich in unterschiedlichem Maße an der Politikgestaltung zwischenstaatlicher internationaler Organisationen. [...] Zum anderen können INGOs – so wie andere zivilgesellschaftliche Gruppen – durch die Bereitstellung wichtiger (Wissens-) Ressourcen auch den nationalen Interessen von Staaten dienen. Vor allem erhoffen sich letztere gegenüber ihren Gesellschaften einen Legitimationsschub.“[148]

Die Eigenschaft als Vermittler zwischen nationalen Gesellschaften und Internationalen Organisationen hat die Stellung von nichtstaatlichen Organisationen gestärkt. Vor allem für Internationale Organisationen birgt die Zusammenareit mit solchen den Vorteil, auf eigenständige und nicht von Staaten beeinflusste Stellungen hinweisen zu können. INGOs zeichnen sich vor allem durch soziales Engangement aus, sie treten in erster Linie für humanitäre oder religiöse Zwecke auf oder widmen sich der Weiterentwicklung und Sicherung des Völkerrechts. Sie haben zudem auch für den Schutz der Menschenrechte eine enorm wichtige Bedeutung: „NGOs sind aus der Arbeit vieler zwischenstaatlicher Organisationen nicht mehr hinweg zu denken. Einen wichtigen Beitrag leisten sie insbesondere zur Entwicklung und Durchsetzung

---

[147] *M. Herdegen*, (FN 124), RN 10, <https://ebibliothek.beck.de/Dokument?vpath=bibdata%2Fkomm%2FHerHdbVoelker_17%2Fcont%2FHerHdbVoelker.glsect10.gl2.htm> (29.03.2019).

[148] *D. Peters/K. Freistein/J. Leininger*, (FN 122), 6.

des internationalen Menschenrechtsschutzes, etwa durch Informationen über Menschenrechtsverletzungen (fact-finding) sowie zur Formulierung internationaler Menschenrechtsstandards (standard-setting)."[149]

## e. Entstehung durch Gründungsvertrag

Internationale Organisationen „sind die am stärksten formalisierte Form von Institutionen und verfügen über eine eigene Organisationsstruktur, [...], durch die sie auch als Akteur in der internationalen Politik auftreten können. In der Regel wurden sie von Regierungen (oder anderen internationalen Organisationen) gegründet und haben Staaten als ihre Mitglieder; [...]."[150] Bevor man sich aber mit der Organisationsstruktur beschäftigen kann, muss eine Internationale Organisation in einem ersten Schritt zunächst einmal wirksam gegründet werden. Dazu sind grundsätzlich zum einen Staaten und zum anderen Internationale Organisationen berechtigt: „Die Zuständigkeit der Staaten, solche Institutionen zu errichten, folgt aus dem allgemeinen Völkerrecht; die Zuständigkeit bereits bestehender, am Gründungsvorgang beteiligter I. O. muss sich hingegen aus deren eigenem Gründungsvertrag ergeben. Die Entstehung der Organisation wird im gemeinsamen Zusammenwirken der beteiligten Völkerrechtssubjekte bewirkt (sog Gesamtakt)."[151] Sie entsteht normalerweise durch einen zwischen zwei oder mehreren Staaten abgeschlossenen (Gründungs-) Vertrag in Schriftform, der üblicherweise als Satzung oder als Charta bezeichnet wird.[152] Es handelt sich dabei meist um einen ersten wichtigen Schritt, der eine Internationale Organisation zum Leben erweckt und ist daher wie eine Art Geburtsurkunde zu betrachten. Die Auffassung von *Eckart Klein* und *Stefanie Schmahl* wonach, die „Grundlage einer I. O. immer ein völkerrechtlicher Vertrag [ist], durch den sich die Vertragspartner verpflichten, eine Organisation zu

[149] *M. Herdegen*, (FN 146), RN 11.
[150] *D. Peters/K. Freistein/J. Leininger*, (FN 122), 8.
[151] *E. Klein/S. Schmahl*, (FN 126), 264.
[152] *M. Beham/M. Fink/R. Janik*, (FN 135), 107.

schaffen, die gemäß den weiteren Vertragsbestimmungen funktionieren soll"[153], kann mittlerweile als überholt bezeichnet werden. Das Beispiel der OSZE zeigt, dass eine Internationale Organisation auch ohne einen Gründungsvertrag ohne jegliche Einschränkung funktionieren kann.[154] Eine ganz entscheidende Rolle spielt dabei das Völkergewohnheitsrecht. Eine Internationale Organisation wird demnach nicht als solche klassifiziert, weil sie alle formalen Kriterien erfüllt, sondern weil sie von anderen Völkerrechtssubjekten, in erster Linie Staaten, als solche gesehen und nach dieser Auffassung behandelt wird. Dazu hat erst kürzlich das österreichische Außenministerium Stellung bezogen und diese Ansicht bestätigt. Auf diesen Punkt wird noch unter Kapitel 5.3. genauer eingegangen. Es lässt sich festhalten, dass es sich dabei um eine neue Entwicklung des Völkerrechts handelt. Bei jenen Organisationen, die schon vor längerer Zeit ins Leben gerufen worden sind, stellt in der Regel die formale Gründung durch einen besonderen Akt die Geburtsstunde dar.

So ist es zum Beispiel bei der UN, deren Gründungsvertrag Charta der Vereinten Nationen heißt. In einer Einleitung wird erläuternd festgesetzt: „Die Charta der Vereinten Nationen ist der Gründungsvertrag der Vereinten Nationen (United Nations). Ihre universellen Ziele und Grundsätze bilden die Verfassung der Staatengemeinschaft, zu der sich alle inzwischen 192 Mitgliedstaaten bekennen. Die Charta wurde zum Abschluß der Konferenz über eine internationale Organisation am 26. Juni 1945 in San Franzisko von 50 Gründungsstaaten unterzeichnet und ist am 24. Oktober 1945 in Kraft getreten."[155] Der Abschluss des Vertrags richtet sich nach völkerrechtlichem Vertragsrecht, die verschiedenen Bezeichnungen haben keine unterschiedlichen rechtlichen Konsequenzen.[156] In der Mehrzahl der Fälle wird in einer Präambel grundsätzlich näher darauf eingegangen, zu welchem Zweck die

---

[153] *E. Klein/S. Schmahl*, (FN 126), 264.
[154] *N. Vasilyeva*, (FN 65), 116.
[155] *United Nations Regional Information Centre for Western Europe*, Charta der Vereinten Nationen und Statut des Internationalen Gerichtshofs, 2019, < https://www.unric.org/html/german/pdf/charta.pdf> (29.03.2019).
[156] *E. Klein/S. Schmahl*, (FN 126), 264.

Internationale Organisation zusammentritt. Im Falle der Präambel zum Vertrag über die EU führt dies zu einem umfassenden und detaillierten Text. Ein Auszug daraus lautet:

> „[...] ENTSCHLOSSEN, den mit der Gründung der Europäischen Gemeinschaften eingeleiteten Prozeß der europäischen Integration auf eine neue Stufe zu heben,
> SCHÖPFEND aus dem kulturellen, religiösen und humanistischen Erbe Europas, aus dem sich die unverletzlichen und unveräußerlichen Rechte des Menschen sowie Freiheit, Demokratie, Gleichheit und Rechtsstaatlichkeit als universelle Werte entwickelt haben,
> EINGEDENK der historischen Bedeutung der Überwindung der Teilung des europäischen Kontinents und der Notwendigkeit, feste Grundlagen für die Gestalt des zukünftigen Europas zu schaffen,
> IN BESTÄTIGUNG ihres Bekenntnisses zu den Grundsätzen der Freiheit, der Demokratie und der Achtung der Menschenrechte und Grundfreiheiten und der Rechtsstaatlichkeit,
> [...] IN DEM WUNSCH, die Solidarität zwischen ihren Völkern unter Achtung ihrer Geschichte, ihrer Kultur und ihrer Traditionen zu stärken,
> IN DEM WUNSCH, Demokratie und Effizienz in der Arbeit der Organe weiter zu stärken, damit diese in die Lage versetzt werden, die ihnen übertragenen Aufgaben in einem einheitlichen institutionellen Rahmen besser wahrzunehmen,
> [...] ENTSCHLOSSEN, den Prozeß der Schaffung einer immer engeren Union der Völker Europas, in der die Entscheidungen entsprechend dem Subsidiaritätsprinzip möglichst bürgernah getroffen werden, weiterzuführen,
> IM HINBLICK auf weitere Schritte, die getan werden müssen, um die europäische Integration voranzutreiben,
> HABEN BESCHLOSSEN, eine Europäische Union zu gründen; [...].“[157]

Diese einleitenden Zeilen sorgen für ein tieferes Verständnis für die Gründung der EU. Es werden überblicksmäßig jene Ziele aufgezählt, nach denen mit der Schaffung der EU gestrebt werden soll. Außerdem werden jene gemeinsamen Werte hervorgehoben, auf denen die EU aufbaut und die im Gemeinschaftsgebiet höchsten Schutz erfahren. Daraus werden zwar noch keine konkreten Regeln, Berechtigungen

---

[157] Präambel EUV, <https://www.ris.bka.gv.at/GeltendeFassung.wxe?Abfrage=Bundesnormen&Gesetzesnummer=10008048> (29.03.2019).

oder Verpflichtungen abgeleitet, aber es trägt dazu bei, den Blickwinkel für das Baukonstrukt der EU zu schärfen und den Aspekt der Gemeinschaft in den Vordergrund zu stellen.

Gemeinsame Interessen sind eine wesentliche Voraussetzung, um das Funktionieren einer Internationalen Organisation gewährleisten zu können. Deshalb muss ein Mindestmaß an Gleichklang der Interessen vorhanden sein, der die Identifizierung mit einem entsprechenden Gemeinschaftszweck voraussetzt. Je umfassendere Kompetenzen der Internationalen Organisation eingeräumt werden, desto höhere Anforderungen sind an die Gleichmäßigkeit der Interessen zu stellen.[158]

Im weiteren Verlauf obliegt es den Gründungsmitgliedern selbst, welche Punkte sie in diesen aufnehmen möchten, welche Regelungen sie treffen und wie deren Ausgestaltung ausschauen soll. Sinnvollerweise wird im Gründungsvertrag einerseits auf jene Kompetenzen eingegangen, die der Internationalen Organisation übertragen werden, und andererseits ihre institutionelle Struktur beschrieben.[159] Dazu werden Organe eingerichtet, deren Zusammensetzung, Funktion und Kompetenzen aufgelistet werden. Insgesamt betrachtet wird mit dem Vertrag der institutionelle Rahmen festgelegt. Daher wird der Gründungsvertrag aufgrund der vergleichbaren Funktion und Wirkungsweise als Verfassung bezeichnet, welche gleichermaßen wichtig für die Errichtung und das Funktionieren der Internationalen Organisation ist.[160] Daher ist der Gründungsvertrag die wichtigste Rechtsquelle: „Sie [= die satzungsrechtlichen Vorschriften] stellen innerhalb der Rechtsordnung der I. O. die oberste Normstufe dar (Primärrecht).“[161] Sinnvoll ist es, im Gründungsvertrag Regelungen über die Aufnahme und den Austritt von Mitgliedern zu treffen sowie den Verfahrensablauf und die Rechtsfolgen bei einem Untergang der Internationalen Organisation zu treffen, was in der Praxis kaum der Fall ist.[162] Ebenfalls sollte daran gedacht werden, wie Änderungen des Gründungsvertrags in Zukunft durchgesetzt

[158] *E. Klein/S. Schmahl*, (FN 126), 264.
[159] *M. Beham/M. Fink/R. Janik*, (FN 135), 107.
[160] *R. Bindschedler*, (FN 134), 120.
[161] *E. Klein/S. Schmahl*, (FN 126), 265.
[162] *M. Beham/M. Fink/R. Janik*, (FN 135), 107.

werden können, um auf geänderte Umstände reagieren zu können. Das verhindert Situationen, in denen ein Mitgliedstaat nicht mehr Teil der Internationalen Organisation sein möchte, weil es die geänderten Umstände gebieten.[163]

## f. Einrichtung von Organen

Organe einer Internationalen Organisation sind wichtige Bestandteile ihrer Organisationsstruktur. Oft werden diese durch den Gründungsvertrag eingesetzt und dabei auch gleich deren Organisation bzw Kompetenzen festgesetzt. Werden Organe erst zu einem späteren Zeitpunkt eingesetzt, geschieht dies zumeist durch eine Ergänzung des Gründungsvertrags. Der Vorteil bei dieser Vorgehensweise liegt darin, dass die Organe von den Mitgliedstaaten eingesetzt werden und damit die Situation umgangen wird, dass bereits bestehende Organe einer Internationalen Organisation andere Organe auf gleicher hierarchischer Ebene errichten müssen.[164] Daher ist der Gründungsvertrag bzw die Satzung die wichtigste Rechtsquelle für die Kompentenzen und Aufgaben der Organe, wobei daneben auch noch die Geschäftsordnungen der einzelnen Organe und die Organpraxis eine wichtige Rolle spielen können.[165] Obwohl es für Internationale Organisationen keine festen Regeln bezüglich ihrer Struktur gibt, lassen sich beim Vergleich dieser doch Ähnlichkeiten herausarbeiten.[166] Grundsätzlich werden Organe dazu benötigt, dass eine Internationale Organisation am Rechts- und Geschäftsleben teilhaben kann: „Most international organizations possess a variety of organs, set up to perform various distinct functions and, perhaps, also to keep each other in check. [...] In much the same way as state organs constitute the machinery of states, performing tasks in the name of the state, so too do the organs of international organizations perform tasks in the name of the organization."[167] Das Feld an Aufgaben, das verschiedenen Organen zukommen kann, ist breit. Deren Zuordnung hängt im Einzelfall vom Willen der

[163] *R. Bindschedler*, (FN 134), 122.
[164] *J. Klabbers*, An Introduction to International Institutional Law$^2$, Cambridge, 2009, 163.
[165] *E. Klein/S. Schmahl*, (FN 126), 298.
[166] *M. Beham/M. Fink/R. Janik*, (FN 135), 114.
[167] *J. Klabbers*, (FN 163), 153.

einzelnen Mitgliedstaaten ab. Wie weit und in welche Richtung das Handeln einer Organisation geht, wird von den Interessen bestimmt, die in ihrem Rahmen verfolgt und durchgesetzt werden sollen.[168] Daher ist es trotz dem Vorhandensein bestehender Divergenzen für das Funktionieren von entscheidender Bedeutung, wie es gelingt, zu einem umsetzbaren und einem die Funktionsfähigkeit gewährleistenden Resultat zu kommen. Dass Unstimmigkeiten und Uneinigkeit vorherrschen können, erscheint völlig normal, wenn verschiedene Parteien an einem gemeinsamen Verhandlungstisch sitzen. In ihrer Gesamtheit machen die Organe einer Internationalen Organisation deren Charakter aus: „The character of an international organization depends on the nature of its organs. From the legal point of view, organs can be classified according to their composition, powers, sphere of operation, origin and voting procedure. All kinds of combinations are possible.“[169] Die Schwierigkeit besteht in der Art der Repräsentanz der einzelnen Mitgliedstaaten, denn einerseits muss dabei auf den Grundsatz der Gleichheit Rücksicht genommen werden und andererseits wird idealerweise auch dem unterschiedlichen demographischen, wirtschaftlichen oder politischen Gewicht ausreichend Rechnung getragen.[170] Dies kann entweder durch die Schaffung eigener Organe, die bestimmte Mitgliedstaaten privilegieren, oder durch die Verteilung der Stimmwägung geschehen.

Die grundlegendsten Organe sind Plenar-, Exekutivorgane und Sekretariate.[171] Sie unterscheiden sich durch ihre Kompetenzen und Funktion voneinander:

> „Organizations will generally have at least three main organs. First, they will usually have a *plenary body*: a body where all members meet at more or less regular intervals [...] Usually, the persons composing the plenary will represent their government, but this is not necessarily the case. [...] Second, organizations typically have an *executive body*, which meets and may take decisions on shorter notice. Some of those have been granted the power to make binding decisions [...], whereas others are largely engaged in regulatory

[168] *E. Klein/S. Schmahl*, (FN 126), 296.
[169] *R. Bindschedler*, (FN 134), 125.
[170] *M. Herdegen*, (FN 124), RN 8, <https://ebibliothek.beck.de/?vpath=bibdata%2Fkomm%2FHerHdbVoelker_17%2Fcont%2FHerHdbVoelker%2Eglsect10%2Egl1%2Egld%2Ehtm> (01.04.2019).
[171] *M. Beham/M. Fink/R. Janik*, (FN 135), 114.

> and executive activities. […] Third, organizations typically possess an administrative body, a secretariat or suchlike. […] The international civil service is usually thought to be neutral or impartial, working only for the interests of the organization as a whole.“[172]

Für Internationale Organisationen ist es wichtig, ein Organ zu besitzen, in dem alle Mitgliedstaaten repräsentiert sind.[173] In einem solchen Plenarorgan treffen in regelmäßigen Abständen sämtliche Mitglieder zusammen, um zentrale Fragen zu besprechen.[174] Es ist damit jener Ort, an dem strategisch wichtige Entscheidungen getroffen werden. Die Teilnahme und Repräsentanz aller Mitgliedstaaten garantiert, dass sich am Entscheidungsfindungsprozess alle beteiligen können und jeder seine Meinung einbringen kann. Grundsätzlich obliegt es der Organisation respektive den Mitgliedstaaten, wer diesen Treffen beiwohnt: „It is composed either of all member States, or, where the members are individual persons, of delegates of all member States who are subject to the instructions of their governments. States are in general free to send politicians (ministers) or civil servants (diplomats). It is basically an organized diplomatic conference […].“[175] Wie dieses Plenarorgan offiziell genannt wird, ist unerheblich. Beispielsweise heißt es bei der UN *Generalversammlung*, bei der Weltbank *Gouverneursrat*, beim Europarat *Ministerkomitee* und in der EU *Rat der EU*. Rein formal betrachtet haben alle diese Organe eine vergleichbare Funktion, sie sind aber trotzdem nur schwer vergleichbar. Denn abgesehen von der allgemeinen Zuständigkeit, zentrale politische Entscheidungen zu treffen, variieren die verschiedenen Aufgaben und Befugnisse der Plenarorgane stark.[176]

Daneben benötigt eine Internationale Organisation Organe, die für sie tätig werden. Daher werden zur Sicherung der Handlungsfähigkeit nach innen und außen ein oder mehrere Exekutivorgane eingesetzt.[177] Dieses ist dafür eingerichtet, Entscheidungen zu treffen: „The non-plenary organ is likewise generally composed of States or State delegates, though only of a limited number […]. In some cases, however, it is

---

[172] *J. Klabbers*, (FN 163), 155f.
[173] *M. Herdegen*, (FN 169), RN 9.
[174] *M. Beham/M. Fink/R. Janik*, (FN 135), 114.
[175] *R. Bindschedler*, (FN 134), 127.
[176] *M. Beham/M. Fink/R. Janik*, (FN 135), 114.
[177] *M. Herdegen*, (FN 169), RN 9.

composed of other individuals, in particular when it is considered important that it should consist of experts or representatives of particular interests."[178] Manchen Exekutivorganen wird auch die Kompetenz zur Fassung verbindlicher Beschlüsse zuteil, ein Beispiel hierfür ist der UN-Sicherheitsrat.[179] In der UN-Charta wird festgesetzt, dass dieser alle geeigneten Maßnahmen verbindlich treffen kann, um den Weltfrieden zu wahren oder sicherzustellen: „Der Sicherheitsrat stellt fest, ob eine Bedrohung oder ein Bruch des Friedens oder eine Angriffshandlung vorliegt; er gibt Empfehlungen ab oder beschließt, welche Maßnahmen auf Grund der Artikel 41 und 42 zu treffen sind, um den Weltfrieden und die internationale Sicherheit zu wahren oder wiederherzustellen."[180]

Die Sekretariate werden dazu eingerichtet, um den laufenden Betrieb zu sichern und das Tagesgeschäft zu übernehmen.[181] Vorranging handelt es sich dabei um administrative Tätigkeiten wie etwa die Vorbereitung von Zusammentreffen, die Bereitstellung von Informationen und die Buchhaltung. Nebenbei koordiniert das Sekretariat die Zusammenarbeit der übrigen internen Organe und ist für die externe Repräsentanz der Internationalen Organisation verantwortlich.

Neben diesen drei klassischen Organen gibt es auch noch etliche weitere, deren Schaffung in Betracht gezogen werden kann. Zu nennen ist etwa die Einrichtung eines justiziellen Organs.[182]

Dies kann in Form eines eigenen Gerichtshofs oder eines Schiedsgerichts geschehen.[183] Ein Beispiel für ein parlamentarisches Organ ist das Europäische Parlament, das innerhalb der EU in den Gesetzgebungsprozess involviert ist.[184]

---

[178] *R. Bindschedler*, (FN 134), 127.
[179] *M. Beham/M. Fink/R. Janik*, (FN 135), 115.
[180] Art 39 Charta der UN.
[181] *M. Beham/M. Fink/R. Janik*, (FN 135), 115.
[182] *R. Bindschedler*, (FN 134), 127.
[183] *J. Klabbers*, (FN 163), 160.
[184] Art 14 EUV.

## g. Fähigkeit zur selbständigen Willensbildung

Die dritte wesentliche Eigenschaft einer Internationalen Organisation ist die Fähigkeit, einen eigenständigen und daher von den einzelnen Mitgliedern unterscheidbaren Willen bilden zu können.[185] Sie zeichnen sich im Vergleich mit anderen Formen der Zusammenarbeit durch einen höheren Grad an institutioneller Strukturiertheit und einer grundsätzlichen Verselbständigung oder Differenzierung des Willens der Organisation aus.[186] Internationale Organisation können einen eigenständigen Willen aber nicht nur bilden, sondern diesen auch nach außen durchsetzen.[187] Entscheidend für den Grad der Unabhängigkeit bei der Willensbildung ist dabei, wie die Organe im konkreten Fall besetzt sind.[188] Wenn Organwalter unabhängig von ihren Entsendungsstaaten agieren oder in Organen nach der Mehrheit abgestimmt wird, tritt der Wille und der Einfluss der einzelnen Mitglieder in den Hintergrund. Genau das Gegenteil ist etwa der Fall, wenn ein Organ aus Regierungsvertretern besteht, die einer Weisungsgebundenheit unterliegen.

Bei Internationalen Organisationen unterscheidet man grundsätzlich zwischen drei unterschiedlichen Formen der Entscheidungsfindung. Diese sind Einstimmigkeit, Mehrheitsbeschluss und Konsens.[189]

Einstimmigkeit ist dabei jene Form, die am stärksten mit dem Bedürfnis nach staatlicher Souveränität kompatibel ist. Der große Vorteil dabei liegt darin, dass kein Mitglied gegen seinen eigenen Willen in einer Angelegenheit gebunden oder verpflichtet werden kann. Ursprünglich war Einstimmigkeit die gängigste Form der Beschlussfassung. In der heutigen Zeit ist sie vor allem bei zenralen Entscheidungen, wie etwa bei der Änderung von Gründungsdokumenten oder bei der Aufnahme eines neuen Mitglieds, üblich.

---

[185] *M. Beham/M. Fink/R. Janik*, (FN 135), 111.
[186] *E. Klein/S. Schmahl*, (FN 126), 259.
[187] *M. Herdegen*, (FN 124), RN 3.
[188] *E. Klein/S. Schmahl*, (FN 126), 297.
[189] *M. Beham/M. Fink/R. Janik*, (FN 135), 115f.

Der in der Praxis nicht unerhebliche Nachteil der Einstimmigkeit liegt darin, dass jedes Mitglied ein Veto-Recht besitzt und daher die Fassung eines Beschlusses verhindern kann, auch wenn alle restlichen Mitglieder einer Meinung sind. Dies kann zu bürokratischer Schwerfälligkeit führen, die Verhandlungen in die Länge ziehen und im Extremfall eine Entscheidungsfindung ganz und gar unmöglich machen. Daher setzen die meisten Internationalen Organisationen auf die Form des Mehrheitsbeschlusses. Dabei hat entweder jedes Mitglied eine Stimme oder die Stimmrechte werden nach bestimmten Kriterien, etwa nach der Bevölkerungszahl, der ökonomischen Bedeutung oder der Höhe des Kapitalanteils, unterschiedlich gewichtet.[190]

Letzteres ist bei der Internationalen Bank für Wiederaufbau und Entwicklung der Fall, der Anteil am Stimmgewicht bestimmt sich nach der Summe der Einlage des jeweiligen Mitglieds. So hat der Inselstaat Palau aufgrund der geringsten monetären Einlage aller 189 Mitgliedstaaten in einer Höhe von 1,6 Millionen US Dollar einen Stimmanteil von lediglich 0,03%, während im Vergleich dazu die USA finanziell den größten Beitrag leisten und daher auf ein Stimmgewicht von 15,87% bauen können.[191] Aus demokratischer Sicht mag dieses System überzeugend und fair sein: Wer mehr leistet, genießt auch mehr Einfluss. Allerdings darf nicht außer Acht gelassen werden, dass hierbei vor allem wirtschaftlich starke Länder bevorzugt werden. Ein ökonomisch betrachtet kleiner und daher schwacher Staat – wie das Beispiel Palau zeigt – kann sich die Leistung einer hohen Beitragssumme nur schwer leisten, weshalb sein Einfluss für sich allein betrachtet verschwindend klein ist.

Bei der dritten Form der Beschlussfassung, nämlich jener des Konsenses, gilt ein Beschluss aber bereits dann als angenommen, wenn kein anwesendes Mitglied formell Einspruch erhebt.[192] Es wird also ein aktives Kundtun des Mitglieds in Form

---

[190] *M. Beham/M. Fink/R. Janik*, (FN 135), 116.
[191] *International Bank for Reconstruction and Development*, Subscriptions and Voting Power of Member States, 2019, <http://pubdocs.worldbank.org/en/795101541106471736/IBRDCountryVotingTable.pdf> (02.04.2019).
[192] *M. Beham/M. Fink/R. Janik*, (FN 135), 116.

eines Einspruchs verlangt, wenn es gegen einen Beschluss stimmen möchte. In Internationalen Organisationen hat sich der sogenannte negative Konsens durchgesetzt. Nach diesem gilt eine Entscheidung als getroffen, wenn innerhalb einer bestimmten Frist kein widersprechender Konsens vorliegt.

## 5. BRICS als Internationale Organisation?

### a. Einführung

Die Kernfrage der Arbeit bringt nun diese theoretischen Ausführungen mit der BRICS in Verbindung. Im Zentrum steht dabei die Untersuchung, wie sich auch bereits aus dem Titel ableiten lässt, ob sich die BRICS in den letzten Jahren zu einer Internationalen Organisation entwickelt hat. Dazu benötigt es jener drei Elemente, die unter Punkt 4. beschrieben wurden: erstens die Gründung basierend auf einem völkerrechtlich anerkannten Instrument, zweitens mindestens ein Organ sowie drittens die Eigenschaft, einen eigenständigen Willen bilden zu können. Daraus ergeben sich einige juristische Problemstellungen, auf die im Folgenden näher eingegangen werden soll. Dazu muss man sich zuerst in Erinnerung rufen, dass die Gruppe der fünf Länder zunächst lediglich als strategisches Konzept auf dem Papier entstanden ist und die kooperative Zusammenarbeit erst durch den Willen der einzelnen Staaten vorangetrieben worden ist.[193] Angetrieben wurde die BRICS dabei in erster Linie von einem kollektiven Gefühl der Unzufriedenheit und der Frustration durch das Auftreten der westlichen Großmächte in den bestehenden Institutionen. Die Entscheidung der Ländergruppe, eine diplomatische Vereinigung zu gründen und die gemeinsame Kooperation zu forcieren, wurde einerseits dadurch bekräftigt, dass die fünf Staaten über enormes wirtschaftliches und politisches Gewicht sowie Potential verfügen. Sie wollten sich den Vorteil zunutzemachen, diese Energien zu vereinen und dadurch die Vereinigung noch weiter zu stärken. Andererseits waren sie in dem Willen vereint, die Stellung der Schwellen- und Entwicklungsländer zu verbessern und deren Repräsentanz in Institutionen weltweit zu verbessern und sich für ein stärkeres Mitsprachrecht von diesen einzusetzen.

Die Entwicklung, die BRICS im Laufe der Zeit genommen hat, ist beachtlich. Auf die unterschiedlichen Zusammensetzungen von Treffen (Arbeitsgruppen, Meetings auf Ministerebene etc), an deren Spitze die Gipfeltreffen der Staatschefs stehen,

---

[193] *A. Cooper*, The BRICS: A very short introduction, Oxford, 2016, 34.

wurde bereits näher eingegangen. Rund um diese Zusammenkünfte hat sich ein tief verwurzeltes Netzwerk der Zusammenarbeit, das verschiedenste wirtschaftliche, kulturelle, politische und soziale Gebiete umfasst, entwickelt:

> „Real demands of civil society and practical proposals on the BRICS trade and investment agenda have been articulated by the BRICS Business Forum since 2010 and the BRICS Business Council since 2013, by the Civil Forum, the Parliamentary Forum and the BRICS Youth Summit since 2015, and by the BRICS Universities League, the BRICS Network University and the Women Parliamentarians' Forum since 2016. In 2018, the Forum for the Exchange of Technologies and Innovations for Small and Medium sized Enterprises and the Science, Technology and Innovation Women's Forum were established.“[194]

Außerdem arbeitet die BRICS daran, sich den Aufgaben der Globalisierung zu stellen und aus den sich dadurch ergebenden technischen Neuerungen einen gemeinsamen Nutzen zu ziehen. Als aktuelles Beispiel kann die Arbeit zur Entwicklung eines gemeinsamen Internets genannt werden.[195] Das angestrebte Ziel ist es, eine noch stärkere Unabhängigkeit zu erreichen. Im Vordergrund stehen vor allem der sichere Datenverkehr sowie der Austausch nichtöffentlicher Informationen, die vor Spionage geschützt werden sollen. Eines der neuesten Themen ist derzeit zudem die geplante Erschaffung einer eigenen BRICS-Kryptowährung, wie Kirill Dmitriev, CEO des Russian Direct Investment Fund, im Rahmen des Summits 2017 in China verriet.[196] Mit der Analyse und Planung einer solchen Kryptowährung wurde der BRICS-interne Finanzausschuss betraut. Darin wird das große Plus gesehen, eine Alternative zu den bestehenden Zahlungsinstrumenten zu schaffen. Ebenfalls wird eine Kryptowährung als mögliche Option für die Finanzabwicklung gesehen, wobei als primäres Ziel der US-Dollar als Währung umgangen werden soll. Vorranginges Ziel der BRICS ist es, der Hegemonie der westlichen Länder entgegenzuwirken. Daher soll deren Vormachtstellung in den wirtschaftlichen Institution, wie etwa dem IWF oder der Weltbank, nicht länger hingenommen werden: „It is this combination of

---

[194] *N. Khmelevskaya*, BRICS' Sustainable Development Dialog: Framing Contours to a Common Agenda through the Intragroup Trade, 82f, in International Organisations Research Journal, 4/2018, 74–95.

[195] 10th BRICS Summit Johannesburg Declaration, Johannesburg, 2018, <http://www.brics.utoronto.ca/docs/180726-johannesburg.html> (03.04.2019).

[196] *A. Garrie*, BRICS in talks to create own cryptocurrency in another blow to US Dollar, in The Duran, 2017, <http://theduran.com/brics-talks-create-crypto-currency-another-blow-us-dollar/> (03.04.2019).

factors that leads to the willingness of the BRICS countries to strengthen their mutual relations and to promote alternative or complementary international forums and linkages beyond the predominant western-dominated organizations.“[197] In den Anfangsjahren wurde daher von der BRICS eine Reformierung der Stimmrechte im IFW angestrebt, welche zwar grundsätzlich vom Gouverneursrat beschlossen worden war, aber Jahre später immer noch nicht umgesetzt werden konnte.[198] Die BRICS hat es danach verstanden, dass sie zur Stärkung ihres Einflusses und ihrer Macht selbst aktiv werden muss, anstatt sich auf das Wohlwollen anderer zu verlassen. Die Folge war eine schrittweise Annäherung an eine Institutionalisierung, wobei vor allem die Schaffung der NDB und des CRA als exemplarische Beispiele genannt werden können. Daher haben im Laufe der Zeit auch die USA und die EU verstanden, dass man die BRICS besser nicht ignorieren sollte, sondern deren Potential auch zum eigenen Vorteil nutzen kann. Der Ruf nach einem konstruktiven Dialog und einer geordneten Kooperation wurde daher immer lauter. Die BRICS hat insbesondere großes Ansehen erlangt, weil sie von den globalen Großmächten als Repräsentant und auch als Sprachrohr von Subregionen angesehen wird, mit dem aktuelle Problematiken besprochen werden können.[199] Die BRICS-Gruppe hat eine positive Entwicklung genommen und es geschafft, die multilateralen Beziehungen stets voranzutreiben und die Zusammenarbeit stetig zu vertiefen. Die BRICS hat in der Studie von O'Neill zwar einen bescheidenen Anfang genommen, aber in der Literatur wird argumentiert, dass die Organisation nun ein eigenständiges Leben führt.[200] Aktuell wird die BRICS-Gruppe als einflussreiche wirtschaftliche sowie politische Macht betrachtet, obwohl das Wachstum in einigen Mitgliedsländern, vor allem in China, in den letzten Jahren zurückgegangen ist. Der globale Einfluss hinsichtlich ihres Territoriums, der großen Bevölkerungsanzahl, ihrer Produktion, vorhandenen Rohstoffe und finanziellen Reserven sollte besser nicht mehr ignoriert werden. Ob

[197] *S. Keukeleire/B. Hooijmaaijers*, (FN 2), 584f.
[198] *F. Engdahl*, (FN 36), 209f.
[199] *S. Chakraborty*, Significance of BRICS: Regional Powers, Global Governance, and the Roadmap for Multipolar World, 183, in Emerging Economy Studies, 2/2018, 182-191.
[200] *J. Rickards*, Die Geldapokalypse: Der Kollaps unseres internationalen Geldsystems, München, 2014, 172f.

sich die Vereinigung der fünf Staaten im Rahmen dieses *eigenständigen Lebens* schon zu einer Internationalen Organisation entwickelt hat, wird Gegenstand der folgenden Kapitel sein.

### b. Formale Abgrenzung zur Staatenvereinigung

In der Mehrzahl der Fälle sind Gründer und Mitglieder einer Internationalen Organisation Staaten, was die Mitwirkung anderer Völkerrechtssubjekte aber nicht grundsätzlich ausschließt.[201] Internationale Organisationen gelten als die bedeutendste Form von Verbindungen zwischen Staaten.[202] Vor allem müssen sie von losen Verbindungen (Staatenbünde) abgegrenzt werden, deren Mitglieder auch souveräne Staaten sind. Der Unterschied zu Staatenverbünden im klassischen Sinn besteht darin, dass diese die Zwecke ihrer Vereinigung nicht definieren müssen, während das im Gegensatz dazu für eine Internationale Organisation eine wesentliche Voraussetzung darstellt.[203] Weiters weisen sie einen gewissen Grad an Organisation auf, wodurch sie sich von formlosen Vereinigungen abheben. Eine Internationale Organisation ist demnach auf einen bestimmten Zweck hin ausgerichtet, die gesteckten Ziele sollen durch kooperatives Wirken erreicht werden. Im Kontrast dazu basiert die Zusammenarbeit eines Staatenbunds darauf, gemeinsame Interessen zu verfolgen und sich jenen Themen zu widmen, auf die man sich einigt. Für einen formlosen Staatenbund ist es dadurch wesentlich einfacher, die eigene Ausrichtung zu verändern oder Anpassungen vorzunehmen. Das bedeutet allerdings nicht, dass mit losen Staatenvereinigungen keine politische Machstellung einhergehen kann, wie das Beispiel der G7/G8 zeigt. Es handelt sich dabei um keine Internationale Organisation, sondern um eine politische Interessensgruppe, der es an Völkerrechtspersönlichkeit mangelt.[204] An den Treffen der G7 nehmen mit Deutschland, USA, Japan, Großbritannien, Kanada, Italien und Frankreich die Staats-

---

[201] *E. Klein/S. Schmahl*, (FN 126), 258.
[202] *M. Beham/M. Fink/R. Janik*, (FN 135), 105.
[203] *E. Klein/S. Schmahl*, (FN 126), 259.
[204] *M. Beham/M. Fink/R. Janik*, (FN 135), 105.

und Regierungschefs der sieben weltweit führenden Industrienationen teil. Seit 1998 gehörte Russland als achtes Mitglied zu diesem elitären Kreis, weshalb sich die Gruppe zur G8 entwickelte. Nach den völkerrechtlichen Unklarheiten rund um die Halbinsel Krim im Jahr 2014 wurde Russland allerdings wieder als Mitglied ausgeschlossen und man kehrte zum Format der G7 zurück. Bei den Zusammenkünften werden globale Problemfelder und Themen, wie zum Beispiel Welthandel, Klima oder Sicherheitspolitik, thematisiert und gemeinsame Positionen herausgearbeitet. Der G7 mangelt es einerseits an einem Gründungsvertrag und andererseits können sie auf keine institutionelle Basis bauen. Wesentlich sind die jährlich stattfindenden Gipfel der Staats- und Regierungschefs, außerdem fnden anlassgebunden Treffen auf Ministerebene statt. Zum Abschluss eines Gipfeltreffens wird eine gemeinsame Erklärung abgegeben, die den gemeinsamen Fortschritt festhält, Ziele definiert sowie wichtige Werte in den Vordergrund stellt. Folgendes Statement wurde in die Abschlusserklärung zum G7-Gipfel 2018 aufgenommen: „Wir haben die gemeinsame Verantwortung, zur Förderung eines nachhaltigen Wirtschaftswachstums zusammenzuarbeiten, das allen zugutekommt, und insbesondere den Menschen, die am ehesten den Anschluss zu verlieren drohen. Wir begrüßen den Beitrag, den der technologische Wandel und die globale Verflechtung zur Erholung der Weltwirtschaft und zur verstärkten Schaffung von Arbeitsplätzen leisten."[205]

Gemeinsamkeiten zwischen der Struktur von G7 und der BRICS lassen sich nicht von der Hand weisen. Es sind vor allem die jährlich abgehaltenen Gipfeltreffen und Meetings auf Ministerebene, die einander stark ähneln. Auch die gemeinsamen Abschlusserklärungen nach einem Gipfeltreffen sind vergleichbar. Dennoch kann die BRICS auf eine breitere Organisationsstruktur bauen, die sich von den Aktivitäten der G7 deutlich unterscheidet. Während die G7 eher ein politisches Forum für eine verstärkte strategische Zusammenarbeit darstellt, hat die BRICS gemeinsame

[205] Kommuniqué des G7-Gipfels von Charlevoix, Charlevoix, 2018, <https://www.bundesregierung.de/resource/blob/975254/1142186/904520d4bdf51fe8369d5b0587730e63/2017-05-27-g7-erklaerung-final-deu-data.pdf?download=1> (03.04.2019).

Projekte gestartet, Institutionen geschaffen und das Netzwerk auf verschiedenste Bereiche ausgeweitet. Als weiterer Unterschied lässt sich herausarbeiten, dass die G7 zwar dafür eingerichtet ist, aktuelle Probleme zu besprechen und Lösungsansätze zu erarbeiten, eine klar definierte und vorgegebene Zielsetzung aber nicht ersichtlich ist. Demgegenüber machten die BRIC-Staaten 2009 – damals noch ohne Südafrika – in ihrer ersten gemeinsamen Erklärung klar, welchen Bestrebungen sie konkret nachgehen werden und welchen Sinn und Zweck die Organisation in Zukunft verfolgen wird:

> „We are committed to advance the reform of international financial institutions, so as to reflect changes in the global economy. The emerging and developing economies must have greater voice and representation in international financial institutions, whose heads and executives should be appointed through an open, transparent, and merit-based selection process. We also believe that there is a strong need for a stable, predictable and more diversified international monetary system.[206]

Dabei handelt es sich um klare Ziele: Die bestehenden Finanzinstitutionen (IWF, Weltbank etc) sollen reformiert werden, den Schwellen- und Industrieländern sollen mehr Mitspracherechte zukommen und das internationale Währungssystem soll stabiler und sicherer gemacht werden. Im weiteren Verlauf dieser Erklärung finden sich noch weitere Vorgaben, etwa die Unterstützung der ärmsten Länder des Globus während der Finanzkrise, die BRICS erreichen wollte. Es wurde bereits herausgearbeitet, dass das Vorhandensein einer klaren Zielsetzung einen wesentlichen Unterschied zwischen einer Internationalen Organisation und einem losen Staatenbund ausmacht. Aus alledem lässt sich ableiten, dass es sich bei der BRICS um keinen Staatenbund im klassischen Sinn, wie der G7, handelt. Dafür ist einerseits der organisatorische Aufbau zu verflechtet und zu weit entwickelt. Andererseits gibt es auch in Hinblick auf die Zielsetzung, das gemeinsame Wirken und beim Umsetzen verschiedener Vorhaben Unterschiede.

---

[206] Joint Statement of the BRIC Countries' Leaders, (FN 11), 2009.

### c. Errichtung durch Gründungsvertrag

Im Regelfall wird eine Internationale Organisation durch den Abschluss eines Vertrags oder eines anderen völkerrechtlich anerkannten Instruments zum Leben erweckt. Der Gründungsvertrag bildet das Herzstück, die Verfassung, der Internationalen Organisation. Darin wird üblicherweise Grundlegendes, zum Beispiel der Sitz des Sekretariats oder des Hauptquartieres, sowie Aufbau und Funktionsweise der Organisation festgesetzt. Rein formal betrachtet gibt es für die BRICS aber keinen solchen Vertrag, mit dem die Organisation gegründet worden ist. Wenn man also die Vereinigung von einem strengen Standpunkt aus betrachtet, kann man sie schon deshalb nicht als Internationale Organisation bezeichnen und eine Prüfung der weiteren Voraussetzungen wäre hinfällig. Es muss aber berücksichtigt werden, dass es sich bei der Zusammenarbeit von BRICS um ein neues, atypisches Gebilde handelt: „In many ways, these five countries have become the initiators of the development of trans-regional interaction, which allows us to talk about a new phenomenon in international relations, both politically and economically."[207] Zudem darf nicht vergessen werden, dass ein UNESCO-Experte im Jahr 1976 festhielt, dass es sich bei Internationalen Organisationen um spezielle Institutionen handelt, die nicht starr sind.[208] Diese Formen der Zusammenarbeit können sich ständig fortentwickeln und entfalten, daher seien neue Formen und Zusammensetzungen nicht nur möglich, sondern sogar wahrscheinlich. Daraus wird klar, dass man Internationale Organisationen nicht als dauerhaftes, eisernes und völlig unveränderbares System verstehen darf, sondern diese sich ständig weiterentwickeln können und dadurch auch neue Formate auftreten können. Besonders interessant erscheint diese Feststellung unter dem Aspekt, dass sie bereits aus dem Jahr 1976 stammt. Dies mag zunächst zu dem Schluss führen, dass sie als veraltet gelten mag. Wird man sich aber bewusst, was sich weltpolitisch, historisch und technisch in den

---

[207] *N. Vasilyeva*, (FN 65), 115.

[208] *H. Jacobson*, Draft Outline of Part III of the Study for Discussion, UNESCO, United Nations Institute for Training and Research, International Expert Meeting on the Study of the Role of International organizations in the Contemporary World, Genf, 1976, 9.

letzten 40 Jahren verändert hat, ist dieses Zitat aktueller denn je. Zu jener Zeit gab es weltweit zwischen 200 und 300 Internationale Organisationen, deren Entwicklung in den folgenden Jahren rasant an Fahrt aufnahm.[209] Aller Skepsis bezüglich ihres Einflusses und Reichweite zum Trotz war man zu der Überzeugung gelangt, dass man mit dieser Form der gemeinsamen Zusammenarbeit eine Menge erreichen kann. Die Tatsache, Aufgaben auf eine von den einzelnen Staaten losgelöste Vereinigung zu übertragen und dadurch neue internationale Player zu schaffen, stieß auf Begeisterung. Anders ist die rasante Entwicklung nicht zu erklären. Schließlich hätte niemand diese Art der Kooperation gewählt, wenn sie sich nicht bewährt hätte. Technologisierung und Globalisierung haben der Schaffung von Internationalen Organisationen kräftig in die Karten gespielt. *The Yearbook of International Organizations* umfasst 2018 schon mehr als 70 000 Internationale Organisationen in allen möglichen Varianten und Zusammensetzungen, jährlich werden ungefähr 1 200 neue in diese Liste aufgenommen.[210] All das bringt ganz stark zum Ausdruck, dass das System an Internationalen Organisationen nicht nur stetig wächst, sondern dadurch auch Veränderungen unterzogen wird und eben nicht gleichbleibend ist. Daher ist es wenig verwunderlich, dass neue und bis dato noch unbekannte Varianten und Formen auftreten können. Das besondere Element der BRICS ist es, dass die Gruppe dieser fünf Ländern nicht (nur) von sich aus zur gemeinsamen Zusmmenarbeit gebracht wurde. BRIC war ein von O'Neill eingeführter Ausdruck, um das gewaltige Potential dieser Staaten zusammenzufassen. Es war im Jahr 2001 nichts weiter als ein imaginäres Gebilde. O'Neill konnte auf Basis von vorhandenden Zahlen nur Vermutungen anstellen und Hypothesen entwickeln, dass die Zusammenarbeit in einem derartigen Format in Zukunft Erfolge bringen könnte. Im weiteren Verlauf oblag es aber Brasilien, Russland, Indien, China und später Südafrika selbst, etwas aus diesem theoretischen Konstrukt zu machen und es weiterzuentwickeln. Der Stein des Anstoßes für die Aufnahme von Gesprächen war

[209] *D. Peters/K. Freistein/J. Leininger*, (FN 122), 6.
[210] *Union of International Associations*, The Yearbook of International Organizations, 2018, <https://www.uia.org/yearbook> (03.04.2019).

also eine externe Prognose. Für eine Internationale Organisation ist dieser Startpunkt ungewöhnlich. Im Regelfall wird zunächst basierend auf einer gemeinsamen Idee ein Konzept für eine mögliche Zusammenarbeit ausgearbeitet. Danach beginnen erste Gespräche, in deren Verlauf sich herauskristallisiert, ob die Basis für eine Kooperation stimmt. Im Anschluss daran geht es in den Vertragsverhandlungen darum, das regulative Grundgerüst zu schaffen und Feinheiten zu klären. Bei der BRICS-Gruppe begann zwar das gemeinsame Miteinander ebenfalls in ersten informellen Gesprächen auf Minister- und Staatschefebene, der Übergang zur weiteren Institutionalisierung ging aber eher schleichend vonstatten. Das Gipfeltreffen 2009 in Ekterinburg war das erste große Highlight der Zusammenarbeit. In der gemeinsamen Abschlusserklärung kommt klar zum Ausdruck, dass die BRIC-Länder auch in Zukunft an einem Strang ziehen möchten:

> „We, the leaders of the Federative Republic of Brazil, the Russian Federation, the Republic of India and the People's Republic of China, have discussed the current situation in global economy and other pressing issues of global development, and also prospects for further strengthening collaboration within the BRIC, at our meeting in Yekaterinburg on June 16, 2009. [...]
> 15. We have agreed upon steps to promote dialogue and cooperation among our countries in an incremental, proactive, pragmatic, open and transparent way. The dialogue and cooperation of the BRIC countries is conducive not only to serving common interests of emerging market economies and developing countries, but also to building a harmonious world of lasting peace and common prosperity.
> 16. Russia, India and China welcome the kind invitation of Brazil to the next BRIC summit it will host in 2010.“[211]

Es handelt sich dabei um eine gemeinsame Erklärung, die keinen Gründungsvertrag darstellt. Allerdings ist der Wille zu einer gemeinsamen Zukunft klar erkennbar.Im Rahmen dessen wird auch die Abhaltung des nächsten Gipfeltreffens in Brasilien beschlossen. Die Zusammenarbeit von BRIC wurzelt also trotzdem in dieser Abschlusserklärung aus dem Jahr 2009. 2011 wird nicht nur die Aufnahme Südafrikas beschlossen, sondern auch die weitere Kooperation festgesetzt:

---

[211] Joint Statement of the BRIC Countries' Leaders, (FN 11), 2009.

„The Heads of State and Government of Brazil, Russia, India and China welcome South Africa joining the BRICS and look forward to strengthening dialogue and cooperation with South Africa within the forum. […] We reviewed the progress of the BRICS cooperation in various fields and share the view that such cooperation has been enriching and mutually beneficial and that there is a great scope for closer cooperation among the BRICS. We are focused on the consolidation of BRICS cooperation and the further development of its own agenda. We are determined to translate our political vision into concrete actions and endorse the attached Action Plan, which will serve as the foundation for future cooperation.“[212]

Eine echte Besonderheit wies auch das gemeinsame Abschlussdokument zum Gipfeltreffen im russischen Ufa 2015 auf. Darin wird nämlich nicht nur eine Strategie zu verschiedenen Themen für das kommende Jahr bis zum nächsten Summit bekanntgegeben, sondern gleich an zwei Stellen eine gemeinsame Ausrichtung bis zum Jahr 2020 präsentiert. Bei einem Zeitraum von fünf Jahren kann man dabei eindeutig von einer längerfristigen Planung der Organisation sprechen:

„We also direct our Ministers/Sherpas to look into the feasibility of developing a BRICS trade, economic and investment cooperation roadmap for the period until 2020. […] We welcome the outcomes of the first meeting of the BRICS Ministers responsible for population matters (Brasilia, 12 February 2015) and reaffirm our commitment to further cooperation on population and development-related matters that are of common interest, in accordance with the Agenda for BRICS Cooperation on Population Matters for 2015-2020 and in observance of the guiding principles and objectives of the Action Plan of the International Conference on Population and Development (ICPD) in Cairo, […].“[213]

An die Erklärung aus dem Jahr 2011 ist ein *Action Plan* angehängt, der die weiteren Schritte und Projekte detailliert auflistet. Die zum damaligen Zeitpunkt noch recht überschauliche Liste hat sich bis zum Jahr 2018 signifikant verlängert: Im *Action Plan* zum Gipfeltreffen 2018 in Johannesburg finden sich mehr als 110 Veranstaltungen, Foren, Treffen und Aktivitäten, die bis zum folgenden Summit und damit binnen einem einzigen Jahr abgehalten und durchgeführt werden.[214] Die Themen dieser geplanten Abhaltungen zeigen, wie weit die Organisation von BRICS

[212] Sanya Declaration, (FN 14), 2011.
[213] VII BRICS Summit: 2015 Ufa Declaration, (FN 85), (23.03.2019).
[214] 10th BRICS Summit Johannesburg Declaration, (FN 194), 2018.

mittlerweile fortgeschritten ist. Das Spektrum reicht von Sport, Politik, Kultur über Technik hin zu karitativen Events. Das ist nur mehr als ein Indiz dafür, dass BRICS in wirklich beträchtlichem Maße über das Abhalten von jährlichen Treffen der Staatschefs hinausgeht, sondern auf ein breites Feld an gemeinsamen Projekten blicken kann, welche die Fortentwicklung der Organisation in den letzten Jahren auf den Punkt bringen. Schon deshalb wäre es falsch, BRICS nur deswegen nicht als Internationale Organisation zu charakterisieren, weil das formale Erfordernis eines offiziellen Gründungsvertrags fehlt. Wie an den oben zitierten Passagen gut erkennbar ist, bilden auch die Abschlusserklärungen zu den Gipfeltreffen eine Art institutionellen Rahmen, der die Arbeit innerhalb der Ländergruppe umspannt. Es darf auch die besondere Geschichte von BRICS nicht außer Acht gelassen werden, wenn es um die Charakteristik der Organisation geht. BRICS hat sich speziell im letzten Jahrzehnt dynamisch weiterentwickelt. Diese Dynamik soll nicht zulasten Gruppe gehen, sondern muss bei einer Betrachtung aus völkerrechtlicher Sicht berücksichtigt werden: „[...] therefore BRICS can be attributed to international organizations of a new type, based on flexible principles of network diplomacy and multilateral cooperation."[215] Diese These wird durch das Beispiel der OSZE noch gestärkt. Der Kern dieser Organisation liegt in der 1975 durch 35 Teilnehmerstaaten unterzeichneten Schlussakte von Helsinki, in der grundlegende Prinzipien und Werte definiert sind, die im Verhalten der Staaten zueinander und gegenüber deren Bürger eingehalten werden sollen. Nach dem Ende des Kalten Krieges wurde die Einrichtung ständiger Institutionen sowie der Aufbau von operativen Fähigkeiten beschlossen:

> „Damit erfüllt die KSZE/OSZE zumindest das funktionale Kriterium einer Internationalen Organisation. Zwar wurde in diesem Zusammenhang 1994 auf dem Gipfel in Budapest ihre Umbenennung in OSZE beschlossen, doch stellt sie streng genommen keine Internationale Organisation dar. Sie ist kein

[215] *N. Vasilyeva*, (FN 65), 117.

> Völkerrechtssubjekt, da sie nicht auf einem völkerrechtlichen Gründungsvertrag beruht; ihre Dokumente und Abmachungen sind rechtlich nicht bindend, sondern lediglich politisch verpflichtend."[216]

Trotz des Fehlens dieser formalen Kriterien funktioniert die OSZE seit Jahrzehnten ohne jegliche Einschränkungen, somit auch ohne einen Gründungsvertrag oder eine Charta, die den institutionellen Rahmen der Organisation im Detail regelt.[217] In der Schlussakte von Helsinki (1975), der Charta von Paris (1990), der Europäischen Sicherheitscharta von Istanbul (1999) und der Erklärung von Astana (2010) finden sich grundlegende Vereinbarungen und politische Verpflichtungen der OSZE. Die Basis stellt dabei ein umfassender und gemeinsam definierter Sicherheitsbegriff dar. Das bedeutet, dass die Organisation im Ernstfall nicht von selbst aus tätig werden kann, sondern nur bei Einstimmigkeit Maßnahmen beschließen kann, wobei Zwangsmaßnahmen grundsätzlich nicht vorgesehen sind und im Krisen- bzw Konfliktfall die Zustimmung des betroffenen Staats eingeholt werden muss.[218]

Auch von Seiten des österreichischen Ministeriums für Europa, Integration und Äußeres hat sich im Jahr 2018 diesbezüglich eine Neuerung ergeben. Betroffen ist ein Abkommen zwischen der Republik Österreich und der OSZE über deren Amtssitz. Dieses Amtssitzabkommen konnte 1993 noch nicht geschlossen werden, da die KSZE zum damaligen Zeitpunkt noch keine Internationale Organisation im völkerrechtlichen Sinne war. Der rechtliche Standpunkt Österreichs hat sich nun aber geändert:

> „Die KSZE/OSZE wurde nicht durch völkerrechtlichen Vertrag gegründet. Durch Schaffung und Weiterentwicklung einer institutionellen KSZE/OSZE-Struktur einschließlich ständiger Einrichtungen auf bzw. seit dem Pariser Gipfel 1990 verfügt die OSZE jedoch nunmehr über eine eigene, von den Teilnehmerstaaten getrennte Willensbildung und schließt rechtsverbindliche Vereinbarungen mit Teilnehmerstaaten ab. Dies macht deutlich, dass der OSZE in zunehmendem Maße Völkerrechtssubjektivität zugesprochen wird bzw. dass

[216] *P. Jawad*, OSZE, 200, in K. Freistein/J. Leininger, Handbuch Internationale Organisationen, München, 2012, 199-208.
[217] *N. Vasilyeva*, (FN 65), 116.
[218] *Bundesministerium für Europa, Integration und Äußeres*, OSZE, 2019, <https://www.bmeia.gv.at/europa-aussenpolitik/sicherheitspolitik/osze/> (04.04.2019).

die Teilnehmerstaaten diese in zunehmendem Maße akzeptieren. Auch aus österreichischer Sicht kann daher von einer Völkerrechtssubjektivität der OSZE ausgegangen werden, weshalb mit ihr nun – wie auch mit den anderen in Wien ansässigen internationalen Organisationen – ein Amtssitzabkommen geschlossen werden konnte, das das OSZE-Gesetz ersetzen wird."[219]

Daraus lässt sich ableiten, dass die Völkerrechtssubjektivität der OSZE nicht durch einen konkreten Akt an einem bestimmten Tag entstanden ist, sondern sich schleichend entwickelt hat. Im Laufe der Zeit wurden Organe gegründet, die einen von den Mitgliedstaaten eigenständigen Willen bilden können. Durch den Abschluss von rechtsverbindlichen Vereinbarungen ist erkennbar, dass ihre Völkerrechtssubjektivität im internationalen Verkehr zunehmend anerkannt wird. Jenes völkerrechtliche Instrument, das eine derartige Entwicklung möglich macht, ist das Völkergewohnheitsrecht. Dieses setzt sich zum einen aus einem objektiven Element, nämlich der Staatenpraxis *(consuetudo)*, und zum anderen aus einem subjektiven Element, nämlich der Überzeugung (*opinio iuris*), dass diese Praxis auf einer rechtlichen Überzeugung oder Notwendigkeit beruht, zusammen.[220] Beide Bestandteile lassen sich in der Erklärung des Außenministeriums erkennen. Die Staatenpraxis besteht in der Akzeptanz der OSZE als Völkerrechtssubjekt durch den Abschluss von rechtsverbindlichen Vereinbarungen. Es wird davon gesprochen, dass dies von mehreren Teilnehmerstaaten so praktiziert wird, weshalb von einer weitläufigen Akzeptanz auszugehen ist. Die *opinio iuris* kann bei einem deratigen Verhalten von Staaten indiziert werden. Schließlich würden diese keine Vereinbarungen abschließen, wenn sie nicht davon ausgehen würden, dass dies der Rechtmäßigkeit enstsprechen würde. Dazu hat sich nun auch Österreich offiziell bekannt. Dies führt zu dem Schluss, dass es im Einzelfall für die Kategorisierung zu einer Internationalen Organisation nicht schädlich ist, wenn ein Gründungsvertrag oder sonstiges Instrument zur Errichtung fehlt. Es müssen auch Aspekte wie

[219] *Bundesministerium für Europa, Integration und Äußeres*, Abkommen zwischen der Republik Österreich und der Organisation für Sicherheit und Zusammenarbeit in Europa (OSZE) über den Amtssitz der Organisation für Sicherheit und Zusammenarbeit in Europa; Inkraftsetzung, 2018, <https://www.bundeskanzleramt.gv.at/documents/131008/661044/7_11_mrv.pdf/9a385fa9-4bb1-47ea-8f6b-5327dec7ff80> (04.04.2019).

[220] *M. Beham/M. Fink/R. Janik*, (FN 135), 45.

beispielsweise der Abschluss von rechtsverbindlichen Vereinbarungen oder internationale Akzeptanz von Staaten oder anderen Institutionen in diese Überlegungen miteinbezogen werden. Für einen der OSZE ähnlichen schleichenden Übergang zur Völkerrechtssubjektivität und einer Internationalen Organisation von BRICS spricht die Strategie Russland zur Weiterentwicklung der Länder-Gruppe: „The long-term objective of the Russian Federation's participation in BRICS is to gradually transform the association from a dialogue forum and a tool to coordinate positions on a limited range of issues into a full-fledged mechanism of strategic and ongoing cooperation on key international political and economic issues."[221] In dem darin verwendeten Wort *transform* steckt bereits der Hinweis darauf, dass sich die BRICS-Gruppe entwickeln soll. Dass dies ein Prozess ist, der sich über eine nicht genau vorhersehbare Zeit erstrecken kann, scheint offenkundig zu sein. Schließlich war zu Beginn der Zusammenarbeit nicht klar, was sich die einzelnen Staaten von dieser Kooperation erwarten und welche zukünftige Entwicklung sie anstreben. Dazu bedurfte es einiger Zeit, um eine seriöse Einschätzung tätigen zu können. Erste Erfolge und gemeinsame Projekte dienten im weiteren Verlauf als Bestätigung, dass das Format von allerseitigem Nutzen ist. Was BRICS fundamental von anderen Organisationen und Staatenverbindungen unterscheidet, ist die permanente Entwicklung von einem usprünglich lediglich beschreibenden Konzept auf dem Papier in die diplomatische Praxis.[222] Der oben angeführte *Action Plan* zeigt, dass BRICS mittlerweile auf ein breites Netzwerk bauen kann. Daher kann geschlussfolgert werden, dass die angestrebte Entwicklung der Organisation voll im Gange ist. Auch wenn es bei formaler Betrachtung der BRICS an einem offiziellen Gründungsdokument mangelt, ist der Wille zur Schaffung eines institutionellen Rahmens einerseits in einigen Abschlusserklärungen erkennbar, andererseits finden sich Regelungen in den verschiedenen Dokumenten, die bei den Treffen auf Ministerebene entstanden sind. Die Behauptung, dass es sich bei der BRICS um eine

[221] *Ministry of Foreign Affairs of the Russian Federation*, (FN 66), (17.03.2019).
[222] *A. Cooper*, (FN 192), 4.

lose Verbindung von Staaten handelt, weil die Entwicklung einen allmählichen und schrittweisen Verlauf genommen hat, ist falsch. Zu besonders sind die Geschichte und die Eigenheiten der Organisation.

### d. Bildung von Organen

Organe sind nicht nur ein wichtiger Bestandteil der Organisationsstruktur einer Internationalen Organisation, sondern erfüllen diese mit Leben und sorgen dafür, dass sie im Rechts- und Geschäftsleben als Marktteilnehmer auftreten kann. Die BRICS wird oft dafür kritisiert, einen zu geringen Grad an Institutionalisierung aufzuweisen und dass sie über keine Organe verfügen kann, welche die Interessen der Organisation zu verfolgen und deren Vertretung übernehmen. Um dies beurteilen zu können, muss die Lage und die Geschichte der BRICS genauer unter die Lupe genommen werden. Zweifelsohne sind mit der Verbindung zu einer Gruppe eine große Menge an Problemen, Fragen und Aufgaben verbunden.[223] Bevor überhaupt Organe eingesetzt werden können, muss zwischen allen Mitgliedern ein Konsens darüber herrschen, zu welchem Sinn und Zweck diese eingerichtet werden sollen und welche Kompetenzen diesen übertragen werden sollen. Am Beispiel der EU wurde gezeigt, dass damit meist eine Einschränkung der nationalen Souveränität verbunden ist. Dies kann sogar soweit gehen, dass innerhalb der Organisation von einer dafür eingerichteten Institution im gesamten Gemeinschaftsgebiet verbindliche Regelungen getroffen werden können. Dies stellt den wohl größten Eingriff in das staatliche Selbstbestimmungsrecht und das Recht auf nationale Souveränität sowie Unabhängigkeit dar. Die EU ist dabei insofern kaum mit der BRICS vergleichbar, als die Gründung ihrer Vorläuferorganisation bereits mittlerweile mehr als 50 Jahre zurückliegt. Die Union in ihrer modernen Struktur blickt gemeinsam mit der in ihr aufgegangenen EG auf eine intensive und langwierige 50-jährige Geschichte zurück, die durch eine schrittweise erfolgte Fortenwicklung der Institutionen und Politiken

[223] *V. Nikonova/G. Toloraja*, Стратегия России в БРИКС: цели и инструменты, Moskau 2013, 197ff.

plus eine stetige Erweiterung von den usprünglichen sechs Gründungsstaaten auf eine Gemeinschaft von 28[224] Staaten gekennzeichnet ist.[225] Im Gegensatz dazu handelt es sich bei der BRICS um eine äußerst junge Vereinigung. Auch die EU in ihrer heutigen Form hat es nicht von heute auf morgen gegeben, sondern es war ein sich stetig wandelnder Veränderungs- und Entwicklungsprozess, der die Union zu dem gemacht hat, was sie heute ist. Ihre Organe haben sich mit der Zeit entwickelt, als von den Mitgliedstaaten signalisiert wurde, dass eine stärkere Zusammenarbeit für die Zukunft sinnvoll und auch notwendig ist. Dabei darf aber auch nicht außer Betracht gelassen werden, dass es für die geographisch nebeneinander liegen Länder der EU vergleichsweise einfacher ist, Gemeinsamkeiten herauszufiltern. Daher erscheint es auch wenig erstaunlich, dass der Organisationsgrad, gemeint ist damit die Intensität der Institutionalisierung und der Integration, auf regionaler Ebene dank der dort zumeist vorhandenen stärkeren Homogenität von Rechtsvorstellungen und Interessen allgemein höher ist als auf der globalen Ebene.[226] Dank dieser starken Verbundenheit durch gemeinsame Ziele, Werte, Vorstellungen und Ideen genießt die EU unter allen Internationalen Organisationen weltweit eine herausragende Stellung. Durch die ihr eingeräumten Kompetenzen und Aufgaben ähnelt sie sogar einem Staat.

Im Unterschied dazu liegen die Länder der BRICS quer über den gesamten Globus verstreut. Was in Zeiten der Globalisierung und der Internationalisierung zur Stärke gemacht werden kann, wird von vielen Seiten als Schwäche ausgelegt:

> „The BRICS nations have great differences both in their historical experience and civilizational nature and in their political and economic specifics. Undoubtedly, these countries have different objective parameters of their position in the modern international system, which also affects the differences

[224] Stand: 05.04.2019.
[225] *S. Eckert*, EU, 94, in K. Freistein/J. Leininger, Handbuch Internationale Organisationen, München, 2012, 94-105.
[226] *E. Klein/S. Schmahl*, (FN 126), 257.

in their foreign policy strategies. Moreover, there are political tensions between some BRICS countries (India and China). These problems can be overcome as a matter of compromise, communication and coordination only."[227]

Das unterstreicht die absolute Notwendigkeit, einen gemeinsamen Konsens finden zu müssen. Zu den geographischen Schwierigkeiten gesellen sich auch noch wirtschaftliche Problemstellungen, deren Ausmaß und Folgen zu Beginn der Zusammenarbeit ungewiss waren und auch derzeit noch nicht klar abschätzbar sind. Durch die Größe und wirtschaftlichen Positionen sind die BRICS-Nationen in ihrer jeweiligen Weltregion wirtschaftliche und politische Führungsmächte, was aber gleichzeitig zu Rivalitäten führen kann.[228] Die positive ökonomische Entwicklung führt dazu, dass die politischen Eliten ihren Einfluss und Reichtum vergrößern können. Damit können Spannungen, Widersprüche und die Kollision verschiedener Interessen verbunden sein. Auf einige historische Auseinandersetzungen wurde bereits in einem früheren Punkt der Arbeit hingewiesen. So ist die Zusammenarbeit zwischen Russland und China aufgrund diverser Spannungen inklusive militärischer Konfrontationen wegen Grenz-Streitigkeiten im 19. Jahrhundert aus heutiger Sicht keine Selbstverständlichkeit. Das brandaktuelle Seidenstraßen-Projekt Chinas könnte zudem mit russischen Interessen kollidieren.[229] Auch zwischen China und Indien gibt es eine Reihe an Unstimmigkeiten wegen des Grenzverlaufs, außerdem ist Indien wegen der Präsenz Chinas im Indischen Ozean beunruhigt und unterhält immer noch Beschränkungen für chinesische Unternehmen bei der Investition auf indischem Territorium.[230] China wiederum unterhält eine ambivalente Rolle im Verhältnis zu den USA und auch bei Brasilien sind aktuell wieder Tendenzen zur Annäherungen an die Vereinigten Staaten erkennbar.[231]

---

[227] *N. Vasilyeva*, (FN 65), 118.

[228] *A. Wahl*, Aufstieg der BRICS: Pfade abseits des Westens, 23, in WeltTrends – Das außenpolitische Journal, 136/2018, 20-25.

[229] *D. Satra*, Projekt "Neue Seidenstraße": Chinas Plan für 2049, in tagesschau.de, 2019, <https://www.tagesschau.de/ausland/neue-seidenstrasse-101.html> (05.04.2019).

[230] *A. Cooper*, (FN 192), 51.

[231] *A. Wahl*, (FN 227), 24.

Neben diesen potentiellen Konfliktherden zwischen den BRICS-Staaten muss ebenso beachtet werden, dass die einzelnen Staaten auch in jenen Regionen, in denen sie geographisch gelegen sind, auf eine gute Zusammenarbeit bedacht sind und in verschiedenen Allianzen, Vereinigungen und Organisationen Mitgliederstatus besitzen.[232] So ist Russland Mitglied in der Eurasischen Wirtschaftsunion. China, Russland und Indien sind Teil des East Asia Summit, einem regionalen Forum mit 16 Teilnehmerstaaten. Indien nimmt an der Südasiatischen Vereinigung für regionale Kooperation teil. Brasilien ist Mitglied in der Union Südamerikanischer Nationen und Südafrika engagiert sich in der Entwicklungsmeinschaft des südlichen Afrika. Strategische Partnerschaften mit angrenzenden Ländern schaffen Verbündete und sind in der modernen Zeit extrem wichtig. Dies ist zudem ein Beweis für das Engagement und die Teilnahmebereitschaft der fünf Nationen. Es ist weiters hilfreich für die Arbeit innerhalb der BRICS, denn durch die Mitgliedschaften in den einzelnen Vereinigungen können die BRICS-Staaten den jeweiligen Einflussbereich erhöhen, die BRICS-Ideen verbreiten und mit einer deutlich höheren Anzahl an Staaten in Kooperation treten.

Nichtsdestotrotz birgt dieser sprichwörtliche Tanz auf mehreren Hochzeiten auch Gefahren. Besonders augenscheinlich kann dies mit der Vorstellung demonstriert werden, wenn alle oben genannten Vereinigungen über mehrere eigene Organe verfügen würden. Dies hätte wohl zur Folge, dass organisatorische Unklarheiten und Kompetenz-Streitigkeiten auftreten könnten. Daher ist es für die BRICS von entscheidender Bedeutung, eine wohlüberlegte Entscheidung zu treffen, ob und vor allem welche Organe konkret eingesetzt werden.

Von dieser Seite her betrachtet ist es absolut verständlich, dass die Organisation nicht im Rahmen ihres ersten gemeinsamen Gipfeltreffens 2009 die Gründung von Organen beschlossen hat. Eine derartige Entscheidung verlangt einerseits eine

---

[232] *N. Vasilyeva*, (FN 65), 117.

fundierte Planung und andererseits absolute Sicherheit dahingehend, dass die fünf Staaten gut zueinander passen und die Kooperation von BRICS nicht nur von kurzer Dauer sein wird.

Weiters sind durch die geographisch verstreute Lage der BRICS zentrale Fragen zu klären. Eine betrifft den Ort, wo ein Organ eingerichtet werden und seinen Stützpunkt haben soll. Schließlich existiert dieses dann nicht nur auf dem Papier, sondern muss neben den ihm zukommenden spezifischen Aufgaben auch alltägliche Tätigkeiten übernehmen, um einen reibungslosen Funktionsablauf gewährleisten können. Im Laufe der Zeit hat sich die positive Entwicklung der Zusammenarbeit gezeigt. Dies spiegeln die beschlossenen Vorhaben und Projekte wider.

Ein wichtiges Jahr für die Institutionalisierung der BRICS war das Jahr 2014. Im Rahmen des Gipfeltreffens im brasilianischen Fortaleza wurde nämlich die Schaffung der NDB und des CRA beschlossen.

Trotz einiger Barrieren ist es der BRICS damit gelungen, das Versprechen zur Schaffung von eigenen Institutionen in konkrete Handlungen umsetzen zu können.[233] Die Grundlagen hierfür finden sich in der Vereinbarung über die Neue Entwicklungsbank (*Agreement on the New Development Bank*) sowie im Vertrag zum Abschluss einer Übereinkunft über eine BRICS Sicherheitsrücklage (*Treaty for the Establishment of a BRICS Contingent Reserve Arrangement*). Beide Dokumente wurden am 15. Juli 2014 unterzeichnet. Nach fünf Jahren offizieller Zusammenarbeit hat die BRICS verstanden, dass es zur Durchsetzung ihrer Ideen und Ziele einer Reihe von Maßnahmen bedarf.

Auf die engagierte Zielsetzung der BRICS mit der Revolution der bestehenden globalen Institutionen (Weltbank, IWF usw) und damit einhergehenden Schaffung einer gerechteren Weltordnung wurde bereits in den Einfühungskapiteln näher eingegangen. Um den politischen Einfluss der fünf Großmächte aber auf die Strecke zu bringen, war die Organisation zum Handeln gezwungen, denn die geplanten

---

[233] *A. Cooper*, (FN 192), 65.

Veränderungen ließen sich nicht so einfach in die Realität umsetzen. Die NDB und das CRA sind als Resultate dabei herausgekommen. Im weiteren Verlauf werden diese beiden BRICS-Institutionen genauer unter die Lupe genommen werden. Zentral wird neben ihrer organisatorischen Struktur und verschiedenen rechtlichen Aspekten die Frage im Mittelpunkt stehen, ob es sich bei diesen beiden Institutionen um Organe im völkerrechtlichen Sinn handelt.

## e. New Development Bank (NDB)

### i. Allgemeines

2014 wurde ihm Rahmen des sechsten BRICS-Gipfels zwischen den Staatschefs ein Abkommen zur Errichtung der Neuen Entwicklungsbank geschlossen. Zum damaligen Zeitpunkt stellte dieser Schritt aber keineswegs eine Überraschung dar. Bereits im Rahmen es Gipfeltreffens 2012 in Delhi wurde in der offiziellen Abschlusserklärung offen kundgetan, dass die BRICS mit dem Gedanken spielt, zusätzlich zu den bestehenden Finanzinstitutionen neue Einrichtungen schaffen zu wollen und sich so für eine buntere Vielfalt an Finanzierungsmöglichkeiten einzusetzen.[234] Damit sollte die Institution dazu beitragen, Infrastruktur- und nachhaltige Entwicklungsprojekte sowohl innerhalb der BRICS-Gruppe als auch in anderen Ländern finanziell zu unterstützen. Als einschneidendes Erlebnis ist dabei die Finanzkrise, die 2008 ihren negativen Höhepunkt erreicht hatte, anzusehen. BRICS hat daraus die richtigen Lehren gezogen und erkannt, dass einem derartigen Ereignis in Zukunft deutlich leichter mit vereinten Kräften getrotzt werden kann. Die Finanzminister der fünf Staaten wurden in weiterer Folge damit beauftragt, Arbeitsgruppen und Expertengremien einzusetzen, um die notwendigen Schritte für das geplante Vorhaben in die Wege leiten zu können. Für die BRICS war diese Entscheidung ein revolutionärer, denn damit wurde nicht nur ein weiterer Schritt zur Insitutionalisierung der Organisation beschlossen, sondern auch der Grundstein dafür

[234] Fourth BRICS Summit - Delhi Declaration, (FN 91), 2012.

gelegt, eine noch intensivere Art der Zusammenarbeit anzustreben. Es ist kein Zufall, dass ausgerechnet 2012 in Delhi die Umsetzung der NDB publik gemacht wurde. Indien trieb nämlich deren Errichtung stark voran, leitete deren Planung in die Wege und beharrte auf die Durchsetzung des Projekts.[235] Indien war in seinem Streben gescheitert, den Status eines ständigen Mitglieds im UN-Sicherheitsrat zu erlangen, und war daher darauf aus, auf anderen Wegen seinen Einfluss zu erhöhen. Dazu wurde angestrebt, bereits bestehende Partnerschaften auszubauen. Bis heute stellt die Schaffung der NDB die wichtigste und maßgebendste Innovation dar, die Organisation auch abseits der Gipfeltreffen klar zum Vorschein zu bringen.[236] Schließlich bedarf es eines großen Maßes an gegenseitigem Vertrauen und dem absoluten Willen, die Kooperation durch einen solchen Schritt auf eine neue Stufe zu heben. Bereits nach einem Jahr gemeinsamer Planung konnte 2013 die Nachricht publik gemacht werden, dass sich der Plan von der NDB tatstächlich in die Tat umsetzen lassen kann und es sich dabei um ein zukunftsträchtiges und praktikables Projekt handelt.[237] Für den russischen Präsidenten Putin war schon damals klar, dass dies ein Vorhaben darstellt, für das es sich lohnt, Mühen und Anstrengungen in Kauf zu nehmen.[238] Nicht zu unterschätzen ist zudem die Außenwirkung dieser Zielsetzung. Es handelte sich dabei nämlich auch um ein klares Signal, nach außen hin Stärke, Durchsetzungswille und Kompromissbereitschaft zu demonstrieren. All der Spannung und Schwierigkeiten in der Vergangenheit der BRICS-Teilnehmer zum Trotz ist es gelungen, eine eigene Bank auf die Beine zu stellen und damit den gemeinsamen Zusammenhalt noch stärker zu zeigen.[239] Denn dabei handelt es sich eben nicht mehr um eine unverbindliche Absichtserklärung oder um ein loses Versprechen, sondern um eine konkrete Handlung. Der BRICS ist es damit gelungen, Willensstärke zu zeigen und zu verdeutlichen, dass man auch zur Tat schreiten kann,

---

[235] *A. Cooper*, (FN 192), 71.
[236] *A. Cooper*, (FN 192), 65.
[237] Statement by BRICS Leaders on the Establishment of the BRICS-Led Development Bank, Durban, 2012, <http://www.brics.utoronto.ca/docs/130327-brics-bank.html> (08.04.2019).
[238] Statement by Russian President Vladimir Putin after the Plenary Session of the 5th BRICS Summit, Durban, 2012, <http://www.brics.utoronto.ca/docs/130327-putin-statement.html> (08.04.2019).
[239] *A. Cooper*, (FN 192), 65.

um seine Vorhaben in die Realität umsetzen zu können. Die ersten Projekte konnten von der NDB im Jahr 2016 finanziell unterstützt werden.[240] Der Fokus lag dabei auf Projekten, die sich der Nutzung erneuerbarer Energien widmeten. Unterstützt wurden unter anderem zwei Solarenergie-Projekte in Indien und China, die Errichtung eines Staudamms in der russischen Teilrepublik Karelien sowie mehrere Wind- und Solarkraft-Projekte in Brasilien.

Die Bank wurde mit einem Startkapital in Höhe von 50 Milliarden US-Dollar ausgestattet.[241] Alleine diese Summe zeigt, dass es sich dabei um ein ernstgenommenes Vorhaben handelt, das von der BRICS mit einer Aufgabe und einem klaren Ziel versehen ist. Eine wesentliche Voraussetzung für die Realisierung der NDB war die Tatsache, dass die fünf Staaten nach der Finanzkrise im ersten Jahrzehnt des 21. Jahrhunderts nun wieder über genügend liquide Mittel verfügen konnten, um den finanziellen Beitrag zur Insitution überhaupt stemmen zu können.[242] Zunehmend wurde die NDB vor allem deswegen kritisiert, dass die Fähigkeit und der Wille dieser fünf Länder zur Einhaltung der definierten Ziele limitiert ist.[243] Dem kann nicht gefolgt werden. Schließlich handelt es sich alleine beim Startkapital um eine derart hohe Summe an Ausgaben für die einzelnen Mitglieder, dass keineswegs davon ausgegangen werden kann, dass die NDB zum Spaß und nur zum Schein gegründet worden ist. Zum einen steckt im Wort *Entwicklungsbank* schon der Hinweis darauf, dass die Institution eine längerfristige Mission verfolgt, noch einen langen Weg vor sich hat und ihre Ziele nicht von heute auf morgen erreicht werden können.[244] Dagegen spricht zum anderen die Entwicklung, welche die Bank seit ihrer Gründung genommen hat. Es wird heute dank ihrer Eigenartigkeit und Besonderheiten der normative und instrumentale Vorteil in der NDB gesehen, der sie

[240] *A. Vazquez*, Is the BRICS Development Bank a fledging alternative to the World Bank?, 32, in BRICS Law Journal, 3/2017, 6-34.
[241] Agreement on the New Development Bank, Fortaleza, 2014, <http://www.brics.utoronto.ca/docs/140715-bank.html> (08.04.2019.
[242] *A. Vazquez*, (FN 239), 9f.
[243] *A. Cooper*, (FN 192), 65.
[244] *N. Zavyalova*, BRICS money talks: Comparative socio-cultural communicative taxonomy of the New Development Bank, 251, in Research in International Business and Finance, 39/2017, 248-266.

von bestehenden Insitutionen abgrenzt und einen Beitrag zu deren Entwicklung leistet.[245] Mittlerweile kann die Entwicklungsbank auf ein verwurzeltes Netzwerk an Verknüpfungen und Beziehungen bauen, wozu auch westliche Finanzinstitutionen gehören.[246] Man kann also festhalten, dass die NDB ihren Platz in der globalen Weltordnung eingenommen hat, aber natürlich noch Möglichkeiten zur Verbesserung und Erweiterung gegeben sind. Als sinnvoll wird zum Beispiel erachtet, einen einheitlichen und BRICS-internen Geld-Mechanismus für die Währungen Real (Brasilien), Rubel (Russland), Rupie (Indien), Renminbi (China) und Rand (Südafrika) zu entwickeln, um damit eine noch stärkere Unabhängigkeit vom Dollar-System zu erreichen.[247]

### ii. Funktionen und Ziele

Das primäre Aufgabengebiet der NDB ist jenem eines klassischen Geldinstituts sehr ähnlich. Der Vorteil eines BRICS-internen Finanzierungspools bringt eine Menge an Vorteilen: „Setting up the NDB and a cooperative mechanism among its member states can ease the pressure on infrastructure finance while simultaneously offering a feasible solution to the twofold problem of low returns on foreign exchange reserves and the high costs of self-contained management."[248] Ein besonderes Augenmerk liegt auf dem Prinzip der Solidarität, weshalb die NDB die Einsetzung eines robusten Netzwerks an Finanz- und Risikomanagement-Plänen aufziehen möchte, um der Institution damit den Ruf einer vertrauensvollen Finanz-Insitution zu sichern.[249] Geplante Infrastrukturprojekte sollten durch die NDB in ihrer Funktion als Geldgeber und Finanzierungsinstrument möglich gemacht werden. Dabei gibt es keinerlei

---

[245] *A. Cooper*, The BRICS' New Development Bank: Shifting from Material Leverage to Innovative Capacity, 281, in Global Policy, 8/2017, 275-284.
[246] *N. Zavyalova*, (FN 243), 250.
[247] *P. Bond*, BRICS banking and the debate over sub-imperialism, 614, in Third World Quarterly, 37/2016, 611-629.
[248] *T. Lingxiao/O. Yao/H. Zexian*, The Foundation for the Establishment of the BRICS New Development Bank: Immediate Impetus and Theoretical Rationale, 48, in Social Sciences in China, 36/2015, 40-56.
[249] *New Development Bank*, NDB's General Strategy: 2017 – 2021, 2017, <https://www.ndb.int/wp-content/uploads/2017/08/NDB-Strategy.pdf> (10.04.2019).

Einschränkungen bezüglich der zu finanzierenden Vorhaben. Das bedeutet, dass es in erster Linie den Entscheidungsträgern der NDB obliegt, die Finanzierung für ein Projekt abzusegnen und zu bewilligen oder eben abzulehnen. Auf den Entscheidungsmechanismus wird im folgenden Kapitel noch näher einzugehen sein. Neben dem Startkapital in Höhe von 50 Milliarden US-Dollar verfügt die NDB über einen Handlungsspielraum für ein genehmigtes Kapital in Höhe von 100 Milliarden US-Dollar.[250] Dieses sollte im Laufe der Jahre durch weitere Zuschüsse der einzelnen Mitgliedstaaten erreicht werden. Finanzierungsziel sind nicht nur die BRICS-Länder selbst, sondern auch andere Schwellen- und Entwicklungsländer, die für die Umsetzung nachhaltiger und zukunftsorientierter Vorhaben finanzielle Unterstützung benötigen und deswegen Kontakt mit der NDB aufnehmen.[251] Die NDB ist dabei aber nicht als Ersatz für bestehende Institutionen gedacht, sondern soll als Ergänzung bzw Alternative dienen und daher mit bestehenen Institutionen, deren Zielsetzung globales Wachstum und Entwicklung ist, kooperieren. Um nationale und internationale Projekte zu unterstützen, soll die NDB durch Kreditvergaben, Bürgschaften, Kapitalbeteiligungen und anderen Finanzierungsinstrumenten in monetärer Hinsicht unter die Arme greifen. Neben diesem Schwerpunkt auf der Finanzierungsfunktion erhoffte sich die BRICS aber auch eine verstärkte Zusammenarbeit in der Währungspolitik der einzelnen Staaten, die Vertiefung und Ausweitung von Handelspartnerschaften, Unterstützung bei der Vergabe von Krediten sowie die Förderung technischer Hilfe.[252] Es ist kein Geheimnis, dass das System der NDB stark an jenes der Weltbank, bei der Brasilien, Russland, Indien, China und Südafrika zu den Mitgliedstaaten zählen, angelehnt ist.[253] Das Besondere an der NDB ist aber, dass dabei die BRICS-Ländern die Zügel in ihren Händen halten und es sich um eine vom Westen unabhängige Insitution handelt. Es wurde bereits herausgearbeitet, dass eines der wesentlichen Kernziele der BRICS ist, die

[250] Agreement on the New Development Bank, (FN 240), 2014.
[251] Agreement on the New Development Bank, (FN 240), 2014.
[252] *A. Wahl*, (FN 227), 25.
[253] *E. Crome*, Chinas Aufstieg und die BRICS-Gruppe, 29, in WeltTrends – Das außenpolitische Journal, 136/2018, 26-31.

bestehende Weltordnung zu erneuern und für eine gerechtere Verteilung von Macht einzutreten, um auch kleineren und vor allem aufstrebenden Nationen jenes Mitspracherecht einzuräumen, das ihnen zusteht. Mit der Schaffung der NDB ist es der BRICS gelungen, einen Gegenpool zu schaffen und damit anderen Staaten alternative Möglichkeiten aufzuzeigen.

### iii. Analyse der rechtlichen Struktur

Die Struktur beschreibt den Aufbau und die organisatorischen Abläufe einer Institution. Im Anhang des Übereinkommens zur Errichtung der NDB finden sich die *Articles of Agreement of the New Development Bank.* Darin sind in 50 Artikeln ihr Aufbau, die Funktionsweise, Regeln und formale Abläufe normiert. In ihrer Gesamtheit stellt dieses Konstrukt die Verfassung der NDB dar.

Das Startkapital der NDB umfasste 50 Milliarden US-Dollar. Daher galt es eine Regelung zu finden, welchen Betrag jedes Mitglied der Organisation zu dieser Gesamtsumme beisteuern sollte. Dazu gab es zwei mögliche Ansätze. Der erste war, dass alle fünf Länder einen gleich hohen Betrag einzahlen und daher auch gleiche Rechte besitzen. Die Schwierigkeit bei dieser Option liegt darin, dass unterschiedlich starke Wirtschaftsleistungen und die daraus resultierenden ungleichen finanziellen Kapazitäten der einzelnen Mitgliedstaaten unberücksichtigt bleiben müssen. Der zweite Ansatz war, dass die Staaten eine individuelle Vereinbarung treffen, wer welchen Betrag zu den gesamt 50 Milliarden US-Dollar beisteuert. Das hätte zur Folge gehabt, dass jene Staaten, die eine höhere Summe einbezahlen, dementsprechend auch ein stärkeres Entscheidungsrecht für sich in Anspruch genommen hätten. Damit wären Ungleichheiten verbunden gewesen.

Es stellt eine Besonderheit dar, dass sich die BRICS auf das Prinzip der Gleichheit geeinigt hat und der Gesamtbetrag daher von allen fünf Mitgliedern gleichmäßig verteilt beglichen werden musste.[254] Damit stehen sich die fünf Gründungsstaaten der NDB auf einer Augenhöhe gegenüber: „Yet the implications of a sustained commitment by the NDB to a democratic culture should neither be ignored. Institutionally it means that the NDB has to constantly negotiate rather than react to the interests and identity of a single powerful country."[255] China hatte von Beginn an Ambitionen gezeigt, einen größeren Betrag leisten zu wollen und Anteile von anderen BRICS-Mitgliedern zu übernehmen, im Gegenzug aber auch ein stärkeres Stimmrecht gefordert.[256] Schließlich war das Aufbringen der 10 Milliarden für China aufgrund seiner wirtschaftlichen Stärke weit weniger schwierig als für Südafrika, für das diese Summe 2,5% des gesamten BIP ausmacht. Von offizieller chinesischer Seite wurde argumentiert, dass das System der Gleichheit koordinatorische Probleme mit sich bringen würde und es daher sinnvoll wäre, einem Mitglied eine Vormachtstellung einzuräumen.

Dagegen sträubte sich vor allem Indien, das die Entwicklung der NDB von Beginn an forciert hatte, um an mehr politischen Einfluss zu gelangen, und nun die Gefahr sah, wieder im Schatten Chinas agieren zu müssen. Vor allem befürchete Indien, dass die Vormachtstellung Chinas zu einer ähnlichen Entscheidungsfindung wie bei den bereits bestehenden Finanzinstitutionen führt und daher die Stimmrechte sowie Interessen anderer Mitglieder untergehen würden.[257] Uneinigkeit gab es zudem darüber, wo die NDB ihren Hauptsitz haben sollte. Diese Frag mag zwar nebensächlich klingen, ist aber in Zeiten von politischer Einflussnahme durch Lobbyisten und Interessensvertretungen entscheidend. Schließlich mag es wenig

[254] Agreement on the New Development Bank, (FN 240), 2014.
[255] *A. Cooper*, (FN 244), 281.
[256] *A. Cooper*, (FN 192), 74.
[257] *A. Cooper*, (FN 192), 74.

verwundern, dass es zum Beispiel für Brasilien einfacher ist, auf Entscheidungen der NDB Einfluss zu nehmen, wenn deren Hauptquartier in Brasilien und nicht in Indien ist.

Es lässt sich festhalten, dass schlussendlich ein Kompromiss zwischen allen Beteiligten geschlossen wurde, um die dargestellten Probleme zu lösen.[258] China erhielt den Zuschlag, den Hauptsitz der Bank in Shanghai zu errichten. Zudem wurde die Einrichtung einer regionalen Stelle in Johannesburg beschlossen. Dafür sprach, dass die Stadt über die nötige Infrastruktur besitzt, reichlich Möglichkeiten zum Sammeln von Förderungen bietet und außerdem potentielle Investoren beheimatet.[259] Eine Kombination all dieser Faktoren gab den entscheidenden Ausschlag zugunsten von Shanghai. Indien ist es aber indes gelungen, im Verbund mit den übrigen BRICS-Staaten das Prinzip der Gleichheit erfolgreich durchzusetzen. Deshalb wurde in der Übereinkunft zur Errichtung der NDB festgesetzt: „The voting power of each member shall be equal to the number of its subscribed shares in the capital stock of the Bank."[260] Weil jedes der fünf Mitglieder einen Betrag von 10 Milliarden US-Dollar einbezahlt hat, besitzen sie ein gleich starkes Stimmrecht.

Entscheidungen werden grundsätzlich mit einfacher Mehrheit beschlossen. Zu bestimmten Themengebieten, die im Gründungsdokument bezeichnet sind, bedarf es einer qualifizierten Mehrheit (= Zweidrittelmehrheit). Diese ist dann erreicht, wenn vier der fünf Staaten positiv abstimmen. Auch wenn es bis dato noch keine Aufnahme eines weiteren Mitglieds gegeben hat, ist die NDB offen für alle Mitglieder der Vereinten Nationen. Damit würde eine Veränderung der Stimmverhältnisse einhergehen. Diese würden sich dann nach dem Anteil am Gesamtkapital orientieren, allerdings gibt es hier drei wesentliche Einschränkungen. Die Stimmrechte der fünf BRICS-Staaten dürfen niemals niedriger als 55% sein. Damit soll sichergestellt werden, dass sie als Gründungsmitglieder in der

[258] *A. Cooper*, (FN 244), 277.
[259] *A. Cooper*, (FN 192), 77.
[260] Agreement on the New Development Bank, (FN 240), 2014.

privilegierten Rolle sein sollen, die Kontrolle über grundlegende Entscheidungen zu haben. Die Stimmkraft jener Länder, die Anteile an der NDB besitzen und keine Kreditnehmer sind, darf nicht mehr als 20% ausmachen. Ein Land, das nicht zu den fünf Gründungsmitgliedern zählt, darf keine Stimmkraft besitzen, die eine Marke von 7% übersteigt.

Bezüglich der rechtlichen Organisationsstruktur ist die NDB mit dem systematischen Aufbau der Weltbank vergleichbar, weil ihr System an jenes der Weltbank angelehnt ist.[261] Die NDB hat dabei den eigenen Anspruch, schnell und effizient, aber ohne Einbußen in puncto Qualität zu funktionieren: „One of the channels through which the Bank intends to achieve this goal is by having a lean and flat organizational structure, with a non-resident Board of Directors and lower hierarchy levels between junior staff and top-level management. Another channel is avoiding excessive bureaucracy, which will also allow for cost savings and ultimately enable the Bank to keep loan costs as low as possible."[262] Sie verfügt über ein Direktorium (*board of governors*), einen Vorstand (*board of directors*), einen Präsidenten und mehrere Vizepräsidenten.[263]

Zusätzlich findet sich noch eine Generalklausel, die statuiert, dass all jene Organe eingesetzt sowie personelle Veränderungen vorgenommen werden können, die zur Erfüllung der Aufgaben als notwendig erachtet werden. Markant ist dabei die klar vorgegebene Aufgabenverteilung zwischen den einzelnen Organen.

Im Direktorium ist die Entscheidungsgewalt der NDB konzentriert. Dieses besteht aus je einem Vertreter aus den einzelnen Mitgliedstaaten, der mindestens die Position eines Ministers bekleidet. Der Vorstand ist für alle allgemeinen Handlungen der Bank sowie für alle jene Aufgaben verantwortlich, die ihm vom Direktorium übertragen werden. Bestimmte Aufgaben, die aufgelistet sind, können von Seiten des

[261] *D. Tsikata*, The International Public Corporation: A Concept More Relevant than Ever?, 149, in International Organizations Law Review, 14/2017, 120-153.
[262] *S. Suchodolski/J. Demeulemeester*, The BRICS Coming of Age and the New Development Bank, 584, in Global Policy, 4/2018, 578-585.
[263] Agreement on the New Development Bank, (FN 240), 2014.

Direktoriums aber nicht delegiert werden und müssen von diesem selbst ausgeführt werden. Als eine der wichtigsten Aufgaben bestimmt der Vorstand im Einvernehmen mit dem Direktorium die Genehmigung von finanzieller Unterstützung, weiters werden Geschäftspläne entwickelt und an strategischen Planungen gearbeitet. Der Präsident wird vom Direktorium gewählt und ist Mitglied des Vorstands, besitzt aber im Rahmen dessen kein allgemeines Stimmrecht, sondern entscheidet nur bei Stimmengleichheit. Er hat die Aufsicht über das operative Personal und führt das Tagesgeschäft der NDB. Für jedes Mitgliedsland, mit Ausnahme jenes Landes, das den Präsidenten stellt, wird ein Vizepräsident bestellt. Die Präsidenten und Vizepräsidenten werden für einen Zeitraum von fünf Jahren bestellt und scheiden danach automatisch aus ihrem Amt aus, sie sind also für keine zweite Periode in Folge wählbar.

### iv. Die NDB im globalen Kontext

Mit der Schaffung der NDB hat BRICS bewiesen, dass sie auch bei einem derartig umfangreichen Projekt an einem Strang ziehen kann und ein Vorhaben bis zur schlussendlichen Realisierung auch durchziehen kann. Bei der NDB handelt es sich um eine Internationale Organisation. Auf den Gründungsvertrag wurde bereits mehrfach hingewiesen und mehrere Artikel von diesem näher erläutert. Auch die Organe der Bank wurden beschrieben, es wurde grob auf ihre Kompetenzen eingegangen und das Verhältnis zueinander thematisiert. Diese Organe können durch ihre internen Entscheidungsprozesse einen von den Mitgliedstaaten unabhängigen und eigenständigen Willen bilden. Um die Durchführung ihrer Funktionen und Aufgaben gewährleisten zu können, wird der Bank in Artikel 29 des Gründungsvertrags internationale Rechtspersönlichkeit eingeräumt.[264] Sie ist damit Völkerrechtssubjekt. In den nationalen Territorien ihrer Mitgliedstaaten genießt die NDB den Status einer juristischen Person und besitzt rechtliche Fähigkeit

[264] Agreement on the New Development Bank, (FN 240), 2014.

insbesondere dazu, um Verträge abzuschließen, bewegliches wie unbewegliches Vermögen besitzen sowie frei darüber verfügen zu können und gerichtliche Verfahren anhängig machen zu können. Durch die Einfügung des Wortes *insbesondere* lässt sich erkennen, dass die getätigte Aufzählung nicht abschließend, sondern nur beispielhaft ist.

Daher lässt sich festhalten, dass die Entwicklungsbank zu all jenen Handlungen im Rechts- und Geschäftsleben ermächtigt ist, die sich aus ihrem Statut ergeben, die nicht dem Sinn und Zweck ihrer Errichtung zuwiderlaufen oder die notwendig sind, um die Aufrechterhaltung ihrer Funktionen gewährleisten zu können. Einen wichtigen Teil der internationalen Zusammenarbeit leistet die NDB mit anderen nationalen Entwicklungsbanken sowie der Weltbank.[265] Diese Kooperation führt zu einer Entwicklung gemeinsamer Prinzipien, der Vertiefung von Expertisen, zur Risikoteilung und zu einer Bündelung der finanziellen Kräfte.

Besonders interessant sind jene Bestimmungen, die das Verhältnis der Mitgliedstaaten untereinander regeln. Dabei kommt stark zum Ausdruck, welche weitreichenden Zugeständnisse der NDB eingeräumt werden, um ihr Funktionieren gewährleisten zu können. Grundsätzlich haftet keiner der fünf Gründungsstaaten aufgrund seiner Mitgliedschaft für Verbindlichkeiten der Bank.[266] Die Entwicklungsbank genießt bei Rechtsstreitigkeiten grundsätzlich Immunität und kann daher nicht geklagt werden. Von diesem Grundsatz gibt es Ausnahmen, welche vor allem die Rolle der NDB als Geldgeber betreffen. In diesem Fall kann die Bank vor einem zuständigen Gericht geklagt werden. Betreffend den Besitz und das Vermögen der NDB gibt es einige Sonderregelungen.[267] Grundsätzlich unterliegen alle Vermögenswerte der Immunität. Das bedeutet, dass sie etwa vor Durchsuchungen oder Beschlagnahme geschützt sind. Das gesamte Personal unterliegt bestimmten

[265] *I. Andronova/A. Shelepov*, Engagement between the New Development Bank and Other Development Banks: A Formal Basis for Future Cooperation, 102, in International Organisations Research Journal, 13/2018, 99-113.
[266] *D. Tsikata*, (FN 260), 148f.
[267] Agreement on the New Development Bank, (FN 240), 2014.

Formen der Immunität, weshalb Beschäftigte beispielsweise nicht aufgrund einer Handlung, die sie in ihrer offiziellen Funktion getätigt haben, vor Gericht gestellt werden können. Allerdings besteht die Möglichkeit von Seiten der Entwicklungsbank, dies aufzuheben. Die Bank und ihr gesamtes Vermögen, monetärer Zufluss, Investitionen, Geldtransaktionen und Operation sind von jeglicher Art der Besteuerung, von Beschränkungen und Zollgebühren befreit. Bezüglich all dieser Regelungen sind die Mitgliedstaaten im Rahmen ihrer nationalen legislativen Möglichkeiten dazu verpflichtet, jene Maßnahmen zu treffen, um der NDB diese Privilegien einzuräumen. Dazu besteht auch eine Berichtspflicht zugunsten der Bank, wobei Auskunft gegeben werden muss, welche rechtlichen Schritte zur Umsetzung dieser Vorteile unternommen worden sind. Es findet sich auch eine Klausel zum Rücktritt von der Mitgliedschaft. Dazu muss eine schriftliche Nachricht mit einem konkreten Austrittstermin im Hauptquartier hinterlegt werden. Zwischen dem rechtsgültigen Austritt und der Hinterlegung des Dokuments muss mindestens eine Frist von sechs Monaten liegen. Es besteht auch die Möglichkeit einer vorübergehenden Suspendierung von der Mitgliedschaft, wenn Verpflichtungen nicht eingehalten werden.

### f. Contingent Reserve Arrangement (CRA)

#### i. Allgemeines

Neben der NDB ist die Einrichtung des CRA eine zweite wichtige Errungenschaft der BRICS. Entwicklungs- und Schwellenländer sind der Meinung, dass die vor über 70 Jahren geschaffenen und westlich dominierten Institutionen nicht mehr die heutige Realität widerspiegeln, wobei die NDB und das CRA die beiden wichtigsten Initiativen der BRICS sind, um eine Umverteilung von wirtschaftlicher und politischer Macht zugunsten ärmerer Länder zu erreichen.[268] Das CRA und die NDB haben sich parallel entwickelt und sind zur gleichen Zeit in die Wege geleitet worden.

[268] *S. Suchodolski/J. Demeulemeester*, (FN 261), 578.

Bereits 2012 wurden die Finanzminister und die Leiter der nationalen Zentralbanken der fünf BRICS-Staaten mit dem Auftrag betraut, ein finanzielles Sicherheitsnetz in Form eines Reservefonds zu kreieren.[269] Diese kamen nach ihren jeweiligen Untersuchungen in einem gemeinsamen Statement zur Errichtung einer BRICS-geführten Entwicklungsbank aus dem Jahr 2013 zum Entschluss, dass die Schaffung eines derartigen Fonds einen positiven Vorbeugungseffekt hat, von den einzelnen Mitgliedern Druck hinsichtlich ihrer Liquidität nimmt, eine gegenseitige Stütze darstellt und die finanzielle Stabilität nachhaltig festigt. Aber nicht nur die BRICS-Staaten sollten von dem Fonds profitieren, denn das CRA würde nach Einschätzung der BRICS außerdem zur Stärkung des globalen Finanz-Sicherheitsnetzes beitragen und als Zusatz zu bereits bestehenden Abkommen eine zusätzliche Sicherheitslinie darstellen. Damit sollten auch andere Schwellen- und Entwicklungsländer indirekt vom CRA profitieren. So wie bei der NDB wurde der endgültige Beschluss zur Errichtung des CRA im Rahmen des BRICS-Gipfels im brasilianischen Fortaleza gefasst. Beide Finanzinstrumente sind als große Errungenschaft anzusehen, weil die Gruppe seit Beginn der Zusammenarbeit immer wieder Kritik ausgesetzt war und als zu wenig einflussreich abgestempelt wurde.[270] Zunehmend wurde kritisiert, dass die fünf Mitgliedstaaten in ihren strategischen Ausrichtungen, wirtschaftlichen Kapazitäten und im gemeinsamen Willen zur Entwicklung der BRICS zu unterschiedlich seien.[271] Daher entfaltete die Schaffung der NDB und des CRA eine starke Außenwirkung gegenüber den kritischen Stimmen aus dem Westen, welche der Organisation nicht zutrauten, eine geeignete Gesprächsbasis zu finden, um ein derartiges Projekt tatsächlich realisieren zu können.[272] Von vielen Seiten wurde die Umsetzung der beiden Projekte als Gradmesser und Prüfstein gesehen, ob das

---

[269] Statement by BRICS Leaders on the Establishment of the BRICS-Led Development Bank, (FN 236), 2012.

[270] *R. Asuelime*, From Delhi, Durban to Fortaleza: The Birth of New Development Bank and the Contingent Reserve Agreement, 200f, in Journal of African Union Studies, 1/2018, 189-209.

[271] *A. Cooper*, (FN 192), 65.

[272] *R. Asuelime*, (FN 269), 201.

Kooperationsformat der BRICS echtes Zukunftspotential besitzt oder sich als ein sprichwörtlicher Rohrkrepierer erweist: Fünf Jahre danach lässt sich festhalten, dass die BRICS den Test erfolgreich bestanden hat.

Die rechtliche Grundlage für den Fonds findet sich im *Treaty for the Establishment of a BRICS Contingent Reserve Arrangement*, der im Rahmen des BRICS-Gipfels 2014 in Brasilien präsentiert wurde. Als Startsumme des CRA wurde ein Betrag von 100 Milliarden US-Dollar vereinbart.[273] Damit sollten vornehmlich Währungs- und Zahlungsprobleme in den fünf Mitgliedstaaten ausgeglichen werden.[274] Die Finanzkrise hat auch der BRICS gelehrt, dass man für zukünftige wirtschaftliche Stagnation und Not vorsorgen muss, um eine ähnliche Situation wie im ersten Jahrzehnt des 21. Jahrhunderts einerseits möglichst vermeiden zu können und andererseits bei deren Eintreten besser gewappnet zu sein.[275] Ähnlich wie die NDB gilt auch das CRA als ein wichtiger Schritt dazu, BRICS eine wertvolle Plattform zu bieten, um die angestrebten Reformen in die Tat umsetzen zu können.[276] Das Jahr 2014 hat die Organisation BRICS verändert, denn mit der NDB und dem CRA sind Verpflichtungen verbunden. Das wiederum entfaltet Bindung. Der Prozess zur stärkeren Insitutionalisierung der Gruppe war durch diese konkreten Handlungen offiziell eingeläutet.

### ii. Funktionen und Ziele

Wie die NDB Ähnlichkeiten mit der Weltbank aufweist, ist auch das CRA an ein westliches Vorbild angelehnt, nämlich an den IWF. BRICS kritisiert, dass die westlichen Mächte diese beiden Institutionen stets als Instrumente zur globalen Machtausübung gesehen haben.[277] Sie halten die Zügel fest in ihren Händen, weigern

[273] Treaty for the Establishment of a BRICS Contingent Reserve Arrangement, Fortaleza, 2014, <http://www.brics.utoronto.ca/docs/140715-treaty.html> (10.04.2019).
[274] *E. Crome*, (FN 252), 29.
[275] *A. Cooper*, (FN 192), 74.
[276] *R. Asuelime*, (FN 269), 201.
[277] *E. Crome*, (FN 252), 29.

sich beharrlich gegen Neuerungen und vor allem faire Mitspracherechte schwächerer und aufstrebender Nationen. Der IWF wird von Experten für eine Reihe an Dingen kritisiert, zum Beispiel für den Mangel an Rechenschaftspflichten, die Kreditvergabe zugunsten Länder mit schlechter Menschrechtsbilanz, die Bedingungen für Kreditnehmer und die Stimmverteilung allgemein.[278] In den einführenden Bestimmungen zum Vertrag über die Errichtung des CRA erläutern die Vertragsparteien, dass der Fonds aber nicht als Konkurrenz zu den bestehenden Institutionen angesehen werden darf, sondern mit diesen kooperieren soll und ihnen Unterstützung bieten soll.[279] Passend dazu bekräftigen die Staatschefs der fünf Länder in der gemeinsamen Abschlusserklärung zum Gipfeltreffen im russischen Ufa 2015, dass eine multipolare Welt angestrebt werden soll, an deren Basis eine friedliche Koexistenz aller Nationen steht.[280] Schon aus dem Wort *multipolar* lässt sich klar ableiten, dass dies das Gegenteil einer westlich dominierten Welt ist. Vergleichbar wie bei der NDB ist auch beim CRA das Hauptziel, auf dem globalen Weltmarkt Alternativen zu bestehenden Institutionen anzubieten. Der BRICS-Währungsfonds versteht sich dabei als Rahmen für die Bereitstellung einerseits von finanzieller Unterstützung und andererseits von Vorsichtsmaßnahmen bei aktuellen oder zu erwartenden Zahlungsengpässen.[281]

Das CRA umfasst ein Volumen von insgesamt 100 Milliarden US-Dollar. Hinsichtlich der Finanzkraft ist der Fonds mit dem IWF nicht vergleichbar, schließlich kann dieser über einen etwa sechsmal so hohen Gesamtbetrag verfügen.[282] Dabei dürfen aber zwei wesentliche Aspekte keinesfalls außer Acht gelassen werden. Beim IWF handelt es sich um eine Institution, die nach dem Ende des 2. Weltkriegs ins Leben gerufen worden ist. Sie blickt daher auf eine fast 75-jährige Bestehensgeschichte zurück, ist im globalen Netzwerk seit jeher tief verwurzelt und

---

[278] *R. Asuelime*, (FN 269), 206.
[279] Treaty for the Establishment of a BRICS Contingent Reserve Arrangement, (FN 272), 2014.
[280] VII BRICS Summit: 2015 Ufa Declaration, (FN 85), (23.03.2019).
[281] Treaty for the Establishment of a BRICS Contingent Reserve Arrangement, (FN 272), 2014.
[282] *International Monetary Fund*, Official website, 2019, <https://www.imf.org/external/np/sec/memdir/members.aspx#total> (10.04.2019).

sah sich seit der Gründung kaum Alternativen entgegengesetzt. Im Gegensatz dazu ist das CRA eine junge Institution, die erst Zeit brauchen wird, um richtig an Fahrt aufnehmen zu können. Das spiegelt sich auch in der Anzahl der Mitgliedstaaten wider. Als Gründungsmitglieder sind Brasilien, Russland, Indien, China und Südafrika die derzeit einzigen Mitgliedsstaaten. Im Kontrast dazu kann der IWF auf eine Basis von 189 Staaten zählen. Dass sich bei derart eklatanten Unterschieden bei der Gründung ein finanzielles Ungleichgewicht ergeben hat, ist von dieser Warte aus betrachet nur verständlich.

Die Summe von 10 Milliarden US-Dollar stellt jenen Betrag dar, der dem Reservefonds zur freien Verfügung steht, um seine Aufgaben zu erfüllen und Ziele zu erreichen. Dazu verfügt der Fonds durch den Gründungsvertrag über zwei unterschiedliche Instrumente, wobei er bei beiden in seiner wesentlichen Funktion als Geldgeber fungiert. Das erste (*liquidity instrument*) ist ein Liquiditätsinstrument und betrifft Fälle, in denen ein Mitgliedstaat aktuell und akut unter einem Zahlungsengpass leidet. Dann werden diesem Mitgliedstaat finanzielle Zuschüsse geleistet, um ihn von diesem finanziellen Druck zu entlasten. Ähnlich verhält es sich beim zweiten Instrument, wobei hier verstärkt die Vorbeugung im Vordergrund steht (*precautionary instrument*). Hier wird nämlich monetärer Zuschuss geleistet, um einen Mitgliedstaat bereits im Vorfeld eines drohenden und unmittelbar bevorstehenden Zahlungsengpasses finanziell entlasten zu können. Die Voraussetzung dafür, um finanzielle Mittel vom CRA zu erhalten, ist eine offizielle Anfrage eines Mitgliedstaats mit einer Beschreibung, warum und wofür monetäre Unterstützung benötigt wird. Für welche Zwecke finanzielle Unterstützung genehmigt wird, ist im Gründungsvertrag nicht explizit geregelt. Es findet sich lediglich eine Klausel, dass Ressourcen dann zur Verfügung gestellt werden sollen, wenn es sich bei dem Antrag eines Mitgliedstaats um einen *geeigneten* handelt. Was darunter zu subsumieren ist, obliegt den Entscheidungsträgern des CRA. Wer diese sind, wird im Anschluss an dieses Kapitel erläutert. Es lässt sich daraus bereits ableiten, dass das Aufgabenfeld des Reservefonds nicht klar abgesteckt ist, sondern stets mit Blick auf dessen Sinn und Zweck beantwortet werden muss, welche Anfragen unterstützt werden.

### iii. Analyse der rechtlichen Struktur

Im *Treaty for the Establishment of a BRICS Contingent Reserve Arrangement* ist der Aufbau und die Funktionsweise des CRA beschrieben. Im Gegensatz zur NDB stellt dieses Gründungsdokument keinen so umfangreichen Mechanismus auf und fällt deutlich kürzer aus. Grundsätzlich lassen sich einige Unterschiede zwischen den beiden Institutionen herausarbeiten. Es galt auch beim CRA für die Mitgliedstaaten eine Regelung zu finden, wie sich der Gesamtbetrag von 10 Milliarden US-Dollar aufbringen lässt. Während bei der NDB das Gleichheits-Prinzip Eingang gefunden hat, ist das CRA von einer individuellen Regelung gekennzeichnet.[283] Die Höhe der zu leistenden Anzahlung wurde von den finanziellen Kapazitäten der fünf Länder abhängig gemacht, wirtschaflich stärkere Staaten sollten daher einen größeren Beitrag leisten. Wenig erstaunlich stemmt China mit 41 Milliarden den größten Teil, dahinter folgen Brasilien, Russland und Indien mit einem Betrag von 18 Milliarden, während Südafrika mit lediglich 5 Milliarden den geringsten finanziellen Beitrag leistet.[284] Als Gegenleistung sind die Mitglieder stets dazu ermächtigt, mittels eines schriftlichen Antrags um die Auszahlung eines Teils dieser Mittel anzusuchen. Allerdings ist es den einzelnen Ländern nicht erlaubt, monetäre Unterstützung in unbegrenzter Höhe zu fordern. Im Gründungsdokument ergibt sich mittels der Beitragsgrundlage und klar festgelegter Multiplikatoren für jedes der fünf Mitglieder jener Höchstbetrag, der im Extremfall zur Auszahlung gebracht werden darf. Diese Multiplikatoren verhalten sich zu den eingezahlten Beiträgen gegensätzlich: Jener von China lautet 0.5, für Brasilien, Russland und Indien ist es eine 1 sowie für Südafrika eine 2. So kann China, obwohl es mit 41 Milliarden die finanziell höchste

---

[283] *E. Crome*, (FN 252), 29.
[284] Treaty for the Establishment of a BRICS Contingent Reserve Arrangement, (FN 272), 2014.

Zahlung zum Grundbetrag geleistet hat, nur um einen Höchstbetrag von 20,5 Milliarden US-Dollar ansuchen. Im Unterschied leistet Südafrika die geringste Geldsumme, kann dafür aber um eine doppelt so hohe monetäre Unterstützung ansuchen. Darin findet der Gedanke Ausdruck, dass Staaten, die zwar wirtschaftlich schwächer sind, aber die finanzielle Unterstützung dringender benötigen, nicht noch weiter auf den Boden gedrückt sondern aktiv gefördert werden sollen. Damit die Transaktionen zwischen dem CRA und den nationalen Banken der einzelnen Mitglieder reibungslos funktionieren können, wurde eine Übereinkunft zwischen den nationalen Zentralbanken getroffen. Darin wurden Bestimmungen zu den internen Arbeitsabläufen definiert und allgemeine Richtlinien festgelegt.

Hinsichtlicher der Organe verfügt das CRA über einen Gouverneursrat (*Council of CRA Governors*) und einen ständigen Ausschuss (*Standing Committee*). Der Gouverneursrat besteht aus je einem Vertreter plus Stellvertreter pro Mitgliedstaat. Dabei muss es sich um Finanzminister, Direktoren der nationalen Banken oder einen damit vergleichbaren Posten handeln. Sie sind dafür verantwortlich, Entscheidungen auf höchster Ebene zu treffen und die strategische Ausrichtung vorzugeben. Der Gouverneursrat *soll* beim Treffen von Entscheidungen einen Konsens finden. Im Gründungsvertrag des CRA ist bewusst diese Wortwahl gewählt. Daraus ist zu schließen, dass aufgrund der Wichtigkeit der in diesem Organ getroffenen Entscheidungen stets nach einem Konsens gestrebt werden soll. Es ist aber nicht explizit festgesetzt, dass dies unbedingt der Fall sein muss. Daher ist es auch denkbar, dass eine Entscheidung getroffen werden kann, obwohl nicht alle fünf Mitglieder dafür gestimmt haben, wenn die übrigen vier der Meinung sind, dass dies einen richtigen, notwendigen und unausweichlichen Schritt darstellt. Im Gegensatz zum Gouverneursrat ist der ständige Ausschuss für die exekutiven Aufgaben und operativen Entscheidungen zuständig. Auch hierzu werden von jeder Partei ein Direktor sowie ein Stellvertreter bestellt, die in den nationalen Zentralbanken die Funktion eines Organs bekleiden. Als eine der wichtigsten Aufgaben obliebt es dem ständigen Ausschuss, über Anträge zur Genehmigung von finanzieller Unterstützung zu beratschlagen und diese zu genehmigen oder abzulehnen. Ähnlich dem Gouverneursrat wird auch dem ständigen Ausschuss die Pflicht auferlegt, bei seiner Entscheidungsfindung nach einem Konsens zu streben. Interessanterweise wird allerdings die Genehmigung von monetären Transaktionen sowie deren Verlängerung mit einfacher Mehrheit beschlossen. Das System der Stimmverteilung ist dabei gar nicht so einfach. 5% der Stimmrechte werden unter allen Mitgliedern gerecht aufgeteilt. Die verbleibenden 95% werden aufgrund der individuellen geleisteten Beitragssumme berechnet. Das ergibt für China ein Stimmrecht in Höhe von 39,95%, für Brasilien, Russland und Indien je 18,1% und für Südafrika 5,75%. Einzeln betrachtet besitzt damit keines der Mitglieder eine Sperrminorität. Über die Verwendung des Wortes *soll* im Gründungsvertrag zur Findung eines Konsenses gelten die oben gemachten Ausführungen in gleicher Weise. Jenes Mitglied, dass den BRICS-Gipfel veranstaltet, dient zusätzlich als Koordinator für die Arbeiten des Gouverneursrats und des ständigen Ausschusses. Dazu muss es die Treffen dieser Organe vorbereiten, die Wahlen in diesen Organen koordinieren, Verwaltungsaufgaben und Sekretariatsdienst erfüllen und ist zusätzlich für bestimmte Informationspflichten verantwortlich. Stellt eine Partei einen Antrag auf Unterstützung oder wurde diese bereits gewährt, kann dieser Staat nicht als Koordinator eingesetzt werden, auch wenn er eigentlich dafür zuständig wäre. Dies dient dazu, einen Interessenskonflikt zu vermeiden und die nötige Transparenz zu wahren. In diesem Fall übernimmt diese Rolle jenes Land, das den BRICS-Gipfel im kommenden Jahr veranstalten wird. Im Gründungsvertrag finden sich auch spezielle Regelungen dazu, wenn eine Partei bestimmten (Zahlungs- und vor allem Rückzahlungs-) Verpflichtungen aus dem Vertrag nicht nachkommt. Nach einer Frist von sieben Tagen werden beispielsweise alle noch aushaftenden Forderungen sofort fällig und das Mitglied verliert seine Zeichnungsberechtigung zu sämtlichen ihm zukommenden Rechten aus dem Vertrag.

### iv. Das CRA im globalen Kontext

Die NDB und das CRA weisen hinsichtlich ihrer Struktur gewisse Ähnlichkeiten auf. Auch beim CRA handelt es sich um eine Internationale Organisation. Auf den Gründungsvertrag *Treaty for the Establishment of a BRICS Contingent Reserve Arrangement* ist bereits mehrfach eingegangen und die wichtigsten Stellen daraus erläutert worden. Auch die Aufgaben und Kompetenzen seiner Organe (Gouverneursrat, ständiger Ausschuss, Präsident und Vizepräsidenten) wurden näher beschrieben. Auf die unterschiedlichen Arten der Stimmrechtsverteilung ist hingewiesen worden. Daraus zeigt sich auch, dass die Organe einen von den Mitgliedstaaten unabhängigen und eigenständigen Willen bilden können. Im Vergleich zur NDB besitzt das CRA keine selbständige internationale Rechtspersönlichkeit.[285] Es kann nicht selbständig Vereinbarungen abschließen, ist nicht klagbar und kann auch selber keine Klage bei Gericht anhängig machen.

Zum IWF kann das CRA nach derzeitigem Stand der Dinge keine echte Konkurrenz darstellen, denn dieser verfügt über weitaus höhere finanzielle Ressourcen und kann auf eine Anzahl an Mitgliedern bauen, die fast 38 Mal so hoch ist wie jene des CRA.[286] Außerdem wird kritisiert, dass die Leistungsdefizite der einzelnen Mitglieder höher sind als die Summen, um die sie beim CRA um Unterstützung ansuchen können. Dazu muss aber nochmals herausgestrichen werden, dass der Vergleich zwischen den beiden Institutionen ein wenig unfair ist. Das CRA wurde erst vor wenigen Jahren ins Leben gerufen, muss sich daher erst einen internationalen Ruf durch stetige Entwicklung und Erfolge aufbauen und muss seinen Platz in der globalen Weltordnung noch finden. Als großer Gewinner des CRA gilt zudem Südafrika, das 5 Milliarden eingezahlt hat, aber um die doppelte Summe ansuchen kann.

---

[285] Treaty for the Establishment of a BRICS Contingent Reserve Arrangement, (FN 272), 2014.
[286] *R. Asuelime*, (FN 269), 205.

### g. Die BRICS und ihre eigenständige Willensbildung

Dass es sich bei der NDB und dem CRA um Organe handelt, die von den Mitgliedstaaten der BRICS eingesetzt worden sind, steht außer Frage. Es wird nämlich sowohl in den Erläuterungen zum *Treaty for the Establishment of a BRICS Contingent Reserve Arrangement* als auch in jenen zum *Agreement on the New Development Bank* eindeutig zum Ausdruck gebracht, dass die beiden Institutionen von den Regierungen der BRICS-Staaten ins Leben gerufen wurden. Daher ist es durchaus sinnvoll, die beiden Gründungsdokumente der beiden Einrichtungen kurz miteinander zu vergleichen. In den einführenden Worten zum Vertrag über die NDB wird explizit erwähnt, dass es sich bei der Entwicklungsbank um ein Instrument handelt, das von den Regierungen der Länder Brasilien, Russland, Indien, China und Südafrika geschaffen worden ist. Ausdrücklich wird festgesetzt, dass der kollektive Verbund dieser Staaten als BRICS bezeichnet wird. Zusätzlich wird die absolute Überzeugung zum Ausdruck gebracht, dass mit der NDB die engen Beziehungen zwischen diesen Ländern widergespiegelt werden können und mit der Bank ein wirkungsvolles Instrument geschaffen wird, um die wirtschaftliche Kooperation weiter voranzutreiben. Im Gründungsvertrag des CRA findet sich der Ausdruck BRICS lediglich im Titel und im weiteren Verlauf des Textes insbesondere dann, wenn von den gemeinsamen Gipfeltreffen gesprochen wird. Ansonsten liegt der Fokus auf den fünf Gründungsstaaten des Reservefonds, die Parteien des Vertrags sind und dementsprechend unter den Begriff *parties* zusammengefasst werden. Auch hier wird in den einführenden Erläuterungen in der Zielsetzung auf den Punkt gebracht, dass das CRA insbesondere zur gegenseitigen finanziellen Unterstützung und zur Entlastung bei monetären Zahlungsengpässen eingerichtet wird. Die Analyse dieser einzelnen Elemente bringt zum Ausdruck, dass der Fokus der beiden Verträge auf dem Miteinander, der Kooperation und der gegenseitigen Unterstützung liegt. Diese Ausführugen verdeutlichen, dass es sich bei der NDB und dem CRA um Organe der BRICS handelt und diese damit der Organisation eindeutig zugerechnet werden können. In einem weiteren Schritt muss nun genauer untersucht werden, ob diese beiden Organe dazu in der Lage sind, einen von den Mitgliedstaaten unabhängigen und eigenständigen Willen bilden zu können. Dabei handelt es sich um das dritte und letzte Puzzle-Teil, das bei einer Gesamtbetrachtung vorliegen muss, um zu dem Schluss zu gelangen, dass es sich bei der BRICS um eine Internationale Organisation handelt. Doch was ist unter einem von den Mitgliedstaaten eigenständigen Willen überhaupt zu verstehen? Simpel ausgedrückt geht es dabei um die Fähigkeit, bei einer Entscheidung zum Ausdruck bringen zu können, dass es sich dabei um den speziellen Willen des Organs und nicht um einen kollektiven Entschluss der einzelnen Mitgliedstaaten handelt. Dieser Wille ist von jenen der Mitglieder losgelöst und ist somit von deren Meinung völlig unabhängig. Eine kollektive Entscheidung, bei der es sich rein um den Willen der Mitgliedstaaten handelt, ist beispielsweise die Errichtung der NDB. Es wird nämlich in der Einleitung ausdrücklich darauf eingegangen, dass sich die Regierungen der fünf Länder auf deren Erschaffung geeinigt haben. Daher handelt es sich um den gemeinsamen Willen der Mitgliedstaaten.

Ob die NDB und das CRA zu einer derartigen Willensbildung fähig sind, kann nicht gemeinsam, sondern muss für jedes Organ einzeln beantwortet werden. In den beiden Gründungsverträgen finden sich dazu nämlich unterschiedliche Lösungsansätze. Richtigerweise muss gesagt werden, dass es diesbezüglich im *Agreement on the New Development Bank* eine eindeutige Regelung gibt, während man eine solche im *Treaty for the Establishment of a BRICS Contingent Reserve Arrangement* vergeblich sucht. Daher soll zunächst die NDB genauer unter Lupe genommen werden. In Artikel 13 wird klar normiert, wie die in einer offiziellen Funktion zugunsten der Entwicklungsbank handelnden Personen die Ausführung ihres Amtes handhaben sollen. Einschlägig sind vor allem die Buchstaben e und f des Artikels 13. Darin wird festgesetzt, dass alle Amtsträger, Beamte, Mitarbeiter und Personen, die mit einer anderweitigen Funktion betraut sind, sich einerseits nicht in die politischen Angelegenheiten der Mitgliedstaaten einmischen dürfen und sie im Gegenzug dazu bei ihren Entscheidungen nicht von politischen oder sonstigen Umständen beeinflusst werden sollen.[287] Weiters wird noch ausgeführt, dass sie lediglich wirtschaftliche Aspekte bei ihren Entschlüssen in Betracht ziehen dürfen, innerstaatliche Umstände der Mitglieder gänzlich außen vor gelassen werden sollen und bei der Willensbildung stets Zweck, Ziel und Funktion der Entwicklungsbank an oberster Stelle zu stehen haben. Weitere Sonderregelungen gibt es zudem für den Präsidenten, die Vizepräsidenten, Amtsträger und sonstigen Mitarbeiter der Bank. Es wird nämlich normiert, dass sie alle bei der Ausübung ihres Amtes oder beim Handeln in ihrer offiziellen Funktion einzig und allein der Entwicklungsbank und keiner sonstigen Behörde, Instanz oder Autorität verpflichtet sind. An die Mitgliedstaaten der NDB wird die ausdrückliche Verpflichtung gerichtet, dass sie den internationalen Charakter dieser Pflicht strikt zu respektieren haben und sich jedem Versuch der Einflussnahme oder sonstiger Form der Beeinflussung streng zu enthalten haben. In Summe gesehen wird mit deutlichen und strikten Worten normiert, dass sich ausnahmlos alle Mitarbeiter und Funktionsträger der Bank streng nach den vorgegebenen Regeln zu verhalten haben. Dabei ist es völlig irrelevant, in welcher Funktion sie agieren, in welchem Entscheidungskörper sie sitzen oder mit welchen scheinbar noch so geringen Aufgaben sie betraut sein mögen. In Ausübung ihres Amtes genießt das Wohl der Entwicklungsbank oberste Priorität und dementsprechend muss bei der Entscheidungsfindung rational und völlig frei von äußeren Einflüssen gehandelt werden. Eng verbunden ist damit die ausdrückliche Pflicht der Mitgliedstaaten, dies zu respektieren und dass nicht einmal der Versuch einer möglichen Einflussnahme unternommen werden darf. Klar und deutlich wird damit zum Ausdruck gebracht, dass die Entscheidungen der NDB und innerstaatliche Umstände zwei voneinander gänzlich unabhängige Bereiche sind. Entscheidungen der Bank sollen nur nach wirtschaftlichen Gesichtspunkten getroffen werden. Dabei genießen alle Mitarbeiter und Entscheidungsträger der Bank jede erdenkliche Freiheit gegenüber äußeren Einflüssen. Sie unterliegen keiner externen Kontrolle, dürfen keinem sonstigen Organ unterstellt werden und sind vor allem von den fünf

[287] Agreement on the New Development Bank, (FN 240), 2014.

Mitgliedstaaten völlig unabhängig. Sie unterliegen aber insofern der internen Kontrolle, als ihre Entscheidungen und Handlungen anhand des Sinns und Zwecks der NDB gemessen werden. In Anbetracht dieser Regelungen kann es also keine zwei Meinungen darüber gehen, dass die NDB eindeutig dazu in der Lage ist, einen von den Mitgliedstaaten unabhängigen Willen bilden zu können. Die durch die Satzung der Entwicklungsbank eingeräumten Privilegien und Autonomien bringen klar zum Ausdruck, dass sämtliche Mitarbeiter frei von jeglichen äußeren Umständen sind und nach rationalen sowie rein wirtschaftlichen Gesichtspunkten zu entscheiden haben. Insofern repräsentieren die Beschlüsse der Bank nicht den Willen der fünf Mitgliedstaaten, sondern jenen der NDB. Damit gilt dieses Kriterium für die Entwicklungsbank als erfüllt.

Schwieriger gestaltet sich die Argumentation beim CRA, weil sich hierbei im Gründungsvertrag keine vergleichbare einschlägige Regelung finden lässt. Kurz soll noch einmal erläutert werden, in welchen Entscheidungsgremien des CRA Beschlüsse gefasst werden. Der Gouverneursrat trifft die strategisch wichtigen Entscheidungen und soll gemäß Gründungsvertrag im Konsens entscheiden. Der ständige Ausschuss ist für das operative Geschäft zuständig und trifft die meisten Entscheidungen ebenfalls per Konsens, in gewissen Bereichen aber mit einfacher Mehrheit. Genau das ist der Punkt, an dem angesetzt werden muss. Interessanterweise entscheidet der ständige Ausschuss nämlich in jenen Materien mit einfacher Mehrheit, die dem Sinn und Zweck des CRA am meisten entsprechen: einerseits die Genehmigung finanzieller Mittel und andererseits die Verlängerung und Erneuerung bereits ausbezahlter monetärer Unterstützung.[288] Bei Entscheidungen, die im Konsens getroffen werden, ist es schwierig zu argumentieren, dass es sich dabei um einen von den Mitgliedstaaten unabhängigen Willen handelt. Es müssen nämlich alle dafür stimmen, widrigenfalls überhaupt kein Beschluss zustandekommen kann. So gesehen besitzt zwar jeder der Mitgliedstaaten ein Vetorecht, aber wenn von diesem Gebrauch gemacht wird, wird schlichtweg keine Entscheidung in einer Sache

[288] Treaty for the Establishment of a BRICS Contingent Reserve Arrangement, (FN 272), 2014.

getroffen. Liegt Konsens vor, sind sich alle Mitgliedstaaten einig und es handelt sich dann eben um den kollektiven Willen dieser Länder. Dieser ist dann genau nicht von diesen unabhängig. Im Gründungsdokument wird normiert, dass eine Entscheidung im Konsens getroffen werden *soll*. Dies impliziert möglicherweise, dass in Ausnahmefällen auch beim Nichtvorliegen von diesem eine Entscheidung getroffen werden kann, wenn dies dem Sinn und Zweck der Organisation entspricht. Dies könnte zu dem Schluss führen, dass es sich bei den Entscheidungen eben doch um einen von den Mitgliedstaaten losgelösten Willen handeln kann. Darauf muss in diesem Zusammenhang aber nicht näher eingegangen werden. Vielmehr muss bei jenen Materien nachgehakt werden, die mit einfacher Mehrheit beschlossen werden. Es wurde bereits darauf hingewiesen, dass es sich dabei genau um die Kernfunktionen des CRA, nämlich die Genehmigung sowie Erneuerung finanzieller Unterstützung, handelt. In der Literatur wird die Meinung vertreten, dass sich bei einer Entscheidung, die mittels eines Mehrheitsbeschlusses gefasst wird, ein von den Mitgliedstaaten unabhängiger und damit eigenständiger Wille eines Organs herausbilden kann.[289] Diese Argumentation erscheint auch als eindeutig schlüssig. Im Gründungsdokument des CRA ist die Stimmverteilung hierfür ausdrücklich geregelt, auf den etwas komplizierten Mechanismus hierfür wurde bereits unter dem früheren Kapitel 5.6.3. näher eingegangen. Die Stimmverteilung bestimmt sich nach der Höhe des Beitrags, den die fünf Mitgliedstaaten zum Grundstock in Höhe von 10 Milliarden beigesteuert haben. Daher erscheint es mehr als schlüssig, dass bei einer Abstimmung als Resultat nicht der Wille der Mitgliedstaaten, sondern eben jener des CRA zum Ausdruck kommt. Der Stimmverteilung nach besitzt keiner der Mitgliedstaaten eine absolute Mehrheit, kann also ohne Unterstützung eines anderen Staates das Durchbringen einer Entscheidung nicht erzwingen. Je nachdem, wofür sich die Vertreter der einzelnen Mitglieder entscheiden, kommt dann ein Beschluss zustande oder nicht. Ob finanzielle Unterstützung genehmigt oder abgelehnt wird,

[289] *M. Bode*, Der IWF im Wandel – Rückkehr zu einem neuen System, Tübingen, 2017, 75; *P. Lucke*, Internationaler Währungsfonds – Strukturen, Finanztransaktionen und Konditionalität aus völkerrechtlicher Sicht, Münster, 1997, 42.

hängt in erster Linie davon ab, inwiefern der gestellte Antrag hierfür dem Sinn und Zweck des CRA entspricht. Ähnlich wie bei der NDB soll auch hier die Entscheidungsfindung frei von politischen Einflüssen, sondern rein unter wirtschaftlichen Gesichtspunkten und Satzungsmäßigkeit vonstattengehen. Die Mehrheit entscheidet schlussendlich darüber, wie mit einem bestimmten Antrag in Zukunft verfahren wird. Dass zum Beispiel ein Beschluss, der mit einer 60%-igen Mehrheit getroffen wurde, nicht den Willen aller Mitgliedstaaten widerspiegelt, ist einleuchtend. Schließlich hat eine Minderheit in Höhe von 40% dagegen gestimmt. Insofern stellt die schlussendliche Entscheidung die Meinung des CRA und damit einen von den Mitgliedstaaten unabhängigen Willen dar. Somit lässt sich auch für das CRA gut argumentieren, dass dieses Organ zu einer eigenständigen Willensbildung fähig ist.

Zusammenfassend lässt sich für die BRICS sagen, dass sie auch das dritte Element für die Klassifizierung zu einer Internationalen Organisation erfüllt. Sie besitzt nicht nur Organe, sondern diese sind auch in der Lage, einen von den einzelnen Mitgliedern losgelösten und somit autonomen Willen bilden zu können. Bei der NDB ist dies sogar im Gründungsdokument explizit geregelt. Beim CRA ist diese Eigenschaft zwar nicht auf den ersten Blick ersichtlich, aber mit den oben angeführten Argumenten lässt sich diese Meinung auch hier argumentieren.

## 6. Auswertung der Ergebnisse

Zusammenfassend sollen die Ergebnisse der Analyse und unterschiedlichen Fragestellungen nun auf einen Blick noch einmal kurz erläutert werden und auf deren jeweiligen Besonderheiten kurz eingegangen werden. Als überblicksmäßiges Fazit lässt sich dazu festhalten, dass die BRICS alle drei Kriterien erfüllt, um als Internationale Organisation charakterisiert werden zu können. Dass allerdings dabei in völkerrechtlicher Hinsicht einige strittige Punkt vorhanden sind, lässt sich nicht von der Hand weisen. Allerdings wurde durch die getätigten Ausführungen, Beispiele und Entwicklungen deutlich, dass man den Aspekten der Globalisierung, Schnelllebigkeit und immer rasanteren Entwicklung in vielen unterschiedlichen Bereichen ausreichend Rechnung tragen muss. Daher sollte vom sturen Kastendenken abgegangen werden. Die jährlich ansteigenden Zahlen an Internationalen Organisationen im *The Yearbook of International Organizations* sowie deren sich stetig weiterentwicklenden Abwandlungen und Formen liefern dazu beste Beweise. Technische Hilfsmittel, erleichterter Austausch von Informationen und neu entstehende Kommunikationswege haben dazu geführt, dass internationale Zusammenarbeit in den letzten Jahrzehnten einem immer rasanteren Wandel unterlegen ist. Dass hierbei neue Systeme und Systematiken entstehen, liegt offen auf der Hand. Es ist daher Vorsicht geboten, wenn neuartige Entwicklungen mit zwar zweifelsohne bewährten, aber nicht mehr zeitgerechten Mustern verglichen werden sollen. Daher erscheint es eher als angebracht, diese vorhandenen Muster an die modernen Gegebenheiten anzupassen.

Es steht außer Frage, dass es sich bei der BRICS um eine solche neue und atypische Form von staatenübergreifender Zusammenarbeit handelt.[290] Die Geschichte der Vereinigung ist zu speziell und außergewöhnlich, als dass sie mit bestehenden Formaten ohne Weiteres verglichen werden kann. Dass die Verbindung der zunächst vier Staaten Brasilien, Russland, Indien, China unter dem Akronym BRIC als

[290] *N. Vasilyeva*, (FN 65), 115ff.

strategisches Gebilde auf dem Papier entstand und damit nichts weiter als eine reine Idee war, ist ungewöhnlich. Schließlich waren es lediglich prognostizierte Entwicklungen und die vorhandenen Entwicklungsmöglichkeiten, die diese Länder miteinander verbanden. In weiterer Folge oblag es den Staaten selbst, dieses gemeinsame Potential zu nützen und eine Kooperation zu starten. Ob es sich bei der erfolgreichen Zusammenarbeit um eine aus der Volkswirtschaftslehre bekannte selbsterfüllende Prophezeiung handelt oder nicht, sei an dieser Stelle dahingestellt. Fakt ist, dass sich die Gruppe der BRICS im Laufe der Zeit stetig weiterentwickelt hat und eine schrittweise Institutionalisierung eingesetzt hat. Dass dies keinen Schritt darstellt, der von heute auf morgen gesetzt werden kann, erscheint als logisch. Hervorzuheben ist vor allem der fließende Übergang von informellen Gesprächen im Rahmen internationaler Treffen, beispielsweise der UN oder G20, hin zu einer umfassenden Anzahl an gemeinsamen Projekten, wissenschaftlichen und politischen Foren sowie weitreichende Aktionspläne, die viele verschiedene Bereiche betreffen.[291] Genau diese systematische Weiterentwicklung der BRICS führt zur ersten Streitfrage und beschäftigt sich damit, ob ein Gründungsdokument, im Regelfall ein multilateraler Vertrag, zwingend nötig ist, um von einer Internationalen Organisation sprechen zu können. Der BRICS mangelt es nämlich offiziell an einem solchen. Bei der Beantwortung dieser Problemstellung müssen all jene genannten Aspekte berücksichtigt werden. Die besondere Historie der BRICS, deren Zusammenarbeit durch eine externe Person angeregt wurde, die schrittweise Annäherung der Länder in den Anfangsjahren, der stetige Fortschritt der Kooperation plus die stufenweise erfolgte Institutionalisierung führten dazu, dass es für die BRICS insgesamt nicht einfach war, ein Gründungsdokument auf die Beine zu stellen. Zunächst musste nämlich erst ausgelotet werden, ob, in welchen Bereichen und in welcher Form eine Partnerschaft für die einzelnen Mitgliedstaaten überhaupt in Frage kommt. 2011 wurde Südafrika in den Club aufgenommen, was den Rahmen der Organisation erneut veränderte. Bei den jährlichen Gipfeltreffen wurden allmählich

[291] 10th BRICS Summit Johannesburg Declaration, (FN 194), 2018.

Vorhaben erarbeitet, mit deren Umsetzung die BRICS betraut wurde. Die strategische Ausrichtung der fünf Länder ist darauf ausgerichtet, die Aufnahme potentieller neuer Mitglieder im Auge zu behalten. All dies führt zu dem Schluss, dass es für die BRICS nicht möglich war, die Organisation durch einen Gründungsvertrag an einem konkreten Tag X ins Leben zu rufen. Im Völkerrecht hat sich daher die Entwicklung gezeigt, dass das Fehlen eines offiziellen Akts der Errichtung für die Klassifizierung zu einer Internationalen Organisation nicht immer schaden muss. Jenes völkerrechtliche Instrument, das diese Tendenz ermöglicht, ist das Völkergewohnheitsrecht. Am Beispiel der OSZE wurde klar demonstriert, dass eine Organisation auch ohne einen Gründungsvertrag ohne Einschränkungen im internationalen Verkehr auftreten und funktionieren kann. Ganz aktuell zu diesem Thema hat auch das österreichische Bundesministerium für Europa, Integration und Äußeres diese Sichtweise bestätigt.[292] Das Ministerium kommt in seiner Stellungnahme zu dem Schluss, dass eine Vereinigung auch dann als Internationale Organisation charakterisiert werden kann, wenn sie von anderen Völkerrechtssubjekten, das sind in erster Linie Staaten und andere Internationale Organisationen, als solche behandelt wird. Im Fall der OSZE ist dies der Fall, da einige Staaten mit ihr Verträge abgeschlossen haben. Gemäß allgemeinen Lehren müssen beim Völkergewohnheitsrecht zwei Elemente kumulativ vorliegen. Zum einen ist dies die Staatenpraxis und zum anderen die *opinio iuris*, also die Überzeugung, mit dieser Staatenpraxis rechtmäßig zu handeln. Ähnliches gilt für die BRICS. Auch sie funktioniert auf dem internationalen Markt ohne Einschränkungen. Sie kooperiert mit Staaten und tritt als eine Einheit auf. Außerdem wäre die Behauptung falsch, dass sie über keine institutionale Struktur verfügt. Es wurde gezeigt, dass durch die gemeinsamen Abschlusserklärungen nach den Gipfeltreffen sowie den Statements nach unterschiedlichen Meetings, etwa auf Ministerebene, sehr wohl ein institutioneller Rahmen vorgegeben wird. Darin wird nämlich detalliert festgelegt, an welchen Zielen in Zukunft gearbeitet werden soll, welche Maßnahmen

[292] *Bundesministerium für Europa, Integration und Äußeres*, (FN 218), 2018.

konkret zur Umsetzung unternommen werden sollen, welche Treffen und Arbeitsforen für das kommende Jahr eingerichtet werden und welche Termine sonst hervorgehoben werden müssen. Es kann also keinesfalls behauptet werden, dass die Zusammenarbeit unkoordiniert oder ohne ordentliche Vorgaben vonstattengehe. Vielmehr muss dem Aspekt Rechnung getragen werden, dass es sich bei der BRICS um ein schnelllebiges und modernes Format handelt, das bei strategischen Änderungen schnell handlungsfähig ist. Diese spezielle Eigenschaft sollte nicht zu Lasten der Organisation ausgelegt werden. In einer Gesamtbetrachtung lässt sich demnach festhalten, dass das Fehlen eines Gründungsdokuments nicht dabei schadet, BRICS als Internationale Organisation einzuordnen.

2014 war ein ganz entscheidendes Jahr für die Zukunft der BRICS, denn mit der Errichtung der NDB und dem CRA wurden wichtige Schritte für eine weitere Institutionalisierung gesetzt. Organe bilden das Herzstück einer Internationalen Organisation. Sie erfüllen diese mit Leben, garantieren ihr Funktionieren und sorgen dafür, dass sie nach außen hin handlungsfähig ist. Nach mehreren Jahren gemeinsamer Gespräche konnten die beiden Großprojekte NDB und CRA in die Realität umgesetzt werden. Dies war nicht nur BRICS-intern von wesentlicher Bedeutung, denn mit der Realisierung konnte die Organisation Zusammenhalt, Stärke, Durchsetzungskraft, Kompromissbereitschaft sowie Willensstärke zum Ausdruck bringen. Die Vereinigung war nämlich immer wieder kritisiert worden, dass sie zu wenig Einfluss hätte und nicht in der Lage sei, etwas Tatkräftiges auf die Beine zu stellen. Die BRICS hat sich aber engagierte Ziele gesetzt. In erster Linie bestehen diese darin, Alternativen zu den bestehenden Institutionen zu schaffen, für eine gerechtere Weltordnung einzutreten und daher den Entwicklungs- und Schwellenländern mehr Mitspracherechte einzuräumen. Dazu bedurfte es konkreter Handlungen, um zeigen zu können, dass die Gruppe bei ihrem Vorhaben ernst genommen werden muss. Bei der NDB und dem CRA handelt es sich um Organe der BRICS. Diese sind mit einer klaren Zielsetzung geschaffen worden. Mit der NDB sollen verschiedene Entwicklungsprojekte innerhalb der BRICS und in anderen

Entwicklungs- und Schwellenländern finanziert werden. Der Schwerpunkt liegt dabei vor allem auf umweltfreundlichen, ressourcenschonenden und zukunftsträchtigen Vorhaben. Das CRA dient als finanzielle Rücklage zur Vorbeugung gegen Zahlungsschwierigkeiten und monetäre Engpässe. Die beiden Finanzinstitutionen sind von den fünf Staaten ins Leben gerufen worden und diesen zuzurechnen, was im *Agreement on the New Development Bank* sogar ausdrücklich festgesetzt ist.[293] Der Finanzsektor ist damit jener Bereich, in dem die Institutionalisierung der BRICS nach aktuellem Stand am stärksten vorangeschritten und nach außen erkennbar ist. Damit ist auch das zweite Element erfüllt: Die BRICS verfügt über eigene Organe.

Drittens musste noch die Frage geklärt werden, ob diese Organe einen eigenständigen Willen bilden können. Diese Frage ist bei der NDB recht einfach zu klären, da sich in ihrem Statut eindeutige Regelungen hierzu befinden. Darin wird allen Mitarbeitern der Bank, egal in welcher Funktion sie für diese tätig werden, absolute Autonomie gegenüber den einzelnen Mitgliedstaaten eingeräumt. Das bringt klar zum Ausdruck, dass sie nur dem Wohl der Bank zu dienen haben und äußere Umstände in den fünf Staaten bei ihrer Entscheidungsfindung nicht miteinbeziehen dürfen. Somit ist klar geregelt, dass die Entscheidungen, die innerhalb der Bank getroffen werden, eindeutig der NDB und nicht den Mitgliedstaaten zuzurechnen sind. Somit ist die NDB ohne Zweifel dazu in der Lage, einen eigenständigen Willen bilden zu können. Etwas schwieriger gestaltet sich diese Frage beim CRA. Allerdings wurde auch hier aufgezeigt, dass dieses Kriterium zutreffend ist. Grundsätzlich werden Entscheidungen im Rahmen des CRA mittels Konsens entschieden. Die Vergabe von Finanzmitteln sowie deren Verlängerung werden aber mit einfacher Mehrheit beschlossen. Die Stimmverteilung richtet sich dabei nach einem nicht so einfachen System, das im Detail erläutert wurde. Da in der Literatur die Meinung vertreten wird, dass bei einem Beschluss mit einfacher Mehrheit ein von den Mitgliedstaaten unabhängiger Wille gebildet werden kann, trifft dies auch beim CRA zu.[294]

[293] Agreement on the New Development Bank, (FN 240), 2014.
[294] *M. Bode*, (FN 288), 75; *P. Lucke*, (FN 288), 42.

Damit erfüllt die BRICS all jene Elemente, die nötig sind, um die Vereinigung als Internationale Organisation charakterisieren zu können. Nochmals muss betont werden, dass es sich bei ihr um ein anormales und kaum vergleichbares Format der Zusammenarbeit handelt. Diesem Aspekt muss bei der Charakterisierung der Organisation Rechnung getragen werden. Insgesamt ist auffällig, wie rasant sich die Kooperation der fünf Mitglieder innerhalb nur eines Jahrzehnts entwickelt hat. Da es sich bei der BRICS um eine junge Gruppe handelt, ist es daher auch schwierig, sie mit bestehenden Internationalen Organisationen, wie etwa der EU oder den UN sowie deren Organen, zu vergleichen. Man muss sich dabei nur in Erinnerung rufen, dass die EU zusammen mit der in ihr aufgegangenen EG auf eine über 50-jährige Bestehensgeschichte zurückblicken kann. Dabei hat sich die Union in ihrer Ausnahmestellung als supranationale Organisation auch nicht von einem Tag auf den anderen entwickelt. Es war vielmehr ein Prozess, der Jahrzehnte in Anspruch genommen hat. Rückschläge gehörten zu diesem Weg genauso dazu wie die Fähigkeit, aus Fehlern zu lernen. Umso beeindruckender ist es bei der BRICS, wie rasant das Netzwerk der Kooperation gewachsen ist und auf welche verschiedenen Bereiche sich dieses mittlerweile erstreckt. Zweifelsohne besitzt die BRICS genügend Potential, um diese positive Entwicklung in Zukunft weiter vorantreiben zu können, die gegenseitigen Beziehungen noch weiter zu vertiefen und den gemeinsamen Weg weiter verfolgen zu können. Im Gegensatz dazu ist aus neutraler Sicht auch die Vorsicht der fünf Länder nachvollziehbar, den Grad an Institutionalisierung in diesen frühen Jahren noch eher überschaubar zu halten. Schließlich sind damit Einbußen in Bezug auf die nationale Souveränität sowie Verpflichtungen verbunden, die weitreichende Folgen haben können. Daher bedarf es eines großen Maßes an gegenseitigem Vertrauen und Verständnis, um den institutionellen Rahmen der Organisation weiter zu vertiefen. Trotz der Erfolge in der Vergangenheit bestehen klarerweise auch für die BRICS

Verbesserungsmöglichkeiten. Daher beschäftigt sich das Abschlusskapitel dieser Arbeit mit der Zukunft der Organisation, ihrem Potential zur weiteren Entwicklung und den angestrebten Projekten für die nächsten Jahre.

## 7. Ausblick

### a. Die BRICS und ihre Entwicklungsmöglichkeiten

Die BRICS hat im letzten Jahrzehnt eine positive Entwicklung genommen und Pläne in die Tat umsetzen sowie Ziele erreichen können, die ihr von vielen Seiten schlichtweg nicht zugetraut worden sind. Aber klarerweise bestehen für die Kooperation der Gruppe noch Verbesserungspotential und Optimierungsmöglichkeiten. Dabei sollte immer im Hinterkopf behalten werden, dass es bei einer derart umfangreichen und staatenübergreifenden Zusammenarbeit nicht immer einfach ist, Zufriedenheit bei allen Beteiligten zu erreichen. Der derzeit immer noch laufende und sich seit Jahren hinziehende geplante Austritt Großbritanniens aus der EU gilt dafür als aktuelles und gutes Beispiel.[295] Ansichten und Einstellungen können sich ändern, zudem kann nie mit Sicherheit vorhergesagt werden, wie sich eine Zusammenarbeit in der Zukunft entwickelt, welche Probleme dabei auftreten und welche sonstigen äußeren Umstände diese auf einen harten Prüfstand stellen können. Der Anfang dieser strategischen Partnerschaft der BRICS ist gut angelaufen. Für die kommende Zeit wird es von entscheidender Bedeutung sein, dass die multilateralen Beziehungen der Organisation weiter vertieft werden können. Dazu muss die BRICS als geschlossene Einheit auftreten, um ihren Einfluss in der globalen Weltpolitik schrittweise erhöhen zu können.[296] Es wird gefordert, dass die BRICS mehr Verantwortung übernehmen und sich globalen Problemen annehmen sowie stellen müsse. Die BRICS hat sich bei vielen Themen, die für die jeweiligen Regierungen von essentieller Bedeutung sind, herausgehalten.[297] Betroffen waren davon in den letzten Jahren etwa die Dauerkonflikte zwischen Pakistan und Indien, Russlands völkerrechtliche Probleme rund um die Halbinsel Krim sowie die ungeklärten Ansprüche Chinas im Südchinesischen Meer. Die Vorgehensweise der

[295] Stand: 16.04.2019.

[296] *M. Tyler/M. Thomas*, BRICS and mortar(s): Breaking or building the global system?, 258, in V. Io Lo/M. Hiscock, The Rise of the BRICS in the Global Political Economy: Changing Paradigms?, Cheltenham, 2014, 253-267.

[297] *M. Prys-Hansen/D. Nolte*, (FN 111), 1.

BRICS mag zwar unter dem Aspekt der territorialen und innerstaatlichen Souveränität eine löbliche Haltung sein. Allerdings würde bei derartigen Themen eine wechselseitige Unterstüzung immens dazu beitragen, die BRICS noch stärker als Einheit wahrzunehmen und deren kollektive Stärke noch besser zum Ausdruck zu bringen.

Als eine der wichtigsten Bedingungen dabei muss zwischen den fünf Staaten bei zentralen Themen Einigkeit herrschen. Das bedeutet nicht, dass intern keine Diskussion und Interessensabwägungen stattfinden sollen. Offen ausgetragene Unstimmigkeiten oder gar Streit wären aber wenig förderlich dabei, die Organisation als wichtigen Gesprächspartner weiter in Betracht zu ziehen. Wichtig wird es hierfür sein, mit den bestehenden Institutionen und Internationalen Organisationen, etwa der UN, der EU oder innerhalb der G20, eine gute Verbindung zu pflegen. Passend dazu strebt die BRICS nicht danach, auf Rivalität zu setzen und mit der NDB und dem CRA die Weltbank und den IWF auszuhebeln. Vielmehr sollen Alternativen angeboten und potentielle Möglichkeiten aufgezeigt werden. Das zentrale Stichwort lautet Multipolarität. Genau das wird dann erreicht werden, wenn die BRICS als Internationale Organisation anerkannt und geschätzt wird. Das wird auch in Zukunft noch eine Menge Arbeit, Kraft und Geduld erfordern. Auch mit Rückschlägen wird im Laufe der Zeit zu rechnen sein. Je stärker das Brasilien, Russland, Indien, China und Südafrika aber zusammenschweißt und nicht auseinandertreibt, wird entscheidend für die weitere Entwicklung sein. Dann wird es nämlich auch in Zukunft unausweichlich sein, das Potential, die wirtschaftliche Stärke und vor allem die hohe Repräsentanz der Weltbevölkerung dieser fünf Länder ernst zu nehmen und der Organisation jenes Mitspracherecht einzuräumen, das ihr bei einer fairen Behandlung zusteht.

2014 war für die BRICS ein ganz entscheidendes Jahr, mit der Schaffung der Entwicklungsbank und des Reservefonds wurden wichtige Schritte hin zu einer Institutionalisierung gesetzt. Dies sollte auch in Zukunft fortgesetzt werden. Wie bereits aufgezeigt wurde, fehlt es der Gruppe an einem Gründungsvertrag oder einem anderweitigen Dokument, das den institutionellen Rahmen absteckt und die Funktionsweise darlegt. Für eine langfristige Bindung und positive Weiterentwicklung würde es allerdings einen essentiellen Schritt darstellen, wenn die Organisation die gegenseitigen Beziehungen in Form eines schriftlichen Vertrags festigen kann.[298] Zweifelsohne stellt dies keine leichte Aufgabe dar. In den fünf Staaten wird das Prinzip der nationalen Souveränität hoch geschätzt. Der Abschluss eines derartigen Vertrags mündet unausweichlich dazu, zumindest ein Stück dieser Souveränität einzubüßen. Das birgt natürlich auch Risiken. Allerdings wären damit in Bezug auf die Außenwirkung ein deutlicher Gewinn an Akzeptanz und Respekt verbunden. Außerdem würden damit interne Abläufe klar normiert werden und die organisatorische Struktur geregelt werden, was Rechtssicherheit zur Folge hätte. Die Schwierigkeit beim Abschluss eines solchen Vertrags liegt darin, dass innerhalb der Organisation Konsens herrschen muss. Dazu muss ein Spagat geschafft werden, um die einzelnen nationalen Interessen mit jenen der BRICS unter einen gemeinsamen Hut zu bekommen. Für die fünf Mitgliedstaaten stellt dies ein Geben und Nehmen dar. Den Vorteilen der gegenseitigen Zusammenarbeit stehen Nachteile, insbesondere das Abgeben innerstaatlicher Kompetenzen, gegenüber. Wenn es der BRICS allerdings gelingen sollte, eine für alle Beteiligten zufriedenstellende Lösung zu finden, wären das ein revolutionärer und bedeutsamer Schritt sowie eine fundamentale Grundlage für die Zukunft. In einem solchen multilateralen Vertrag könnte der Prozess der Institutionalisierung durch die Schaffung zusätzlicher Organe weiter vorangetrieben werden. Welche Organe dabei eingerichtet werden, obliegt den Mitgliedstaaten selbst. Sie können frei entscheiden, zu welchem Zweck diese eingerichtet und mit welchen Kompetenzen sie betraut werden sollen. Die Einrichtung eines virtuellen Sekretariats ist mit der Schaffung einer offiziellen Homepage bereits erfolgt. Um das Tagesgeschäft der Organisation zu erledigen, bürokratische Aufgaben zu bewältigen und eine Anlaufestelle sowie Kontaktadresse

[298] *U. Ghori*, The BRICS+: Fault lines and opportunities, 215, in V. Io Lo/M. Hiscock, The Rise of the BRICS in the Global Political Economy: Changing Paradigms?, Cheltenham, 2014, 191-218.

zu schaffen, wäre es sinnvoll, in einem Bürogebäude ein Sekretariat einzurichten. Das würde die Bürgernähe der Organisation erhöhen und die Erledigung von Verwaltungsaufgaben erheblich erleichtern. Bei der Schaffung der NDB hat sich die BRICS zu einem solchen Schritt durchgerungen, die Unternehmenszentrale der Entwicklungsbank befindet sich in Shanghai. Die Einrichtung eines Sekretariats würde Kompromissbereitschaft der fünf Mitglieder erfordern. Allerdings könnten sie untereinander einen Mechanismus entwickeln, um hierfür eine faire Lösung zu finden. Jedes der fünf Länder könnte sich etwa den Hauptsitz eines anderen Organs sichern. Das könnte ein zufriedenstellender Ansatz sein, um Benachteiligungen zu vermeiden.

Der steigende Grad an Institutionalisierung sorgt dafür, dass in zunehmendem Maße Regelungssysteme existieren, die sich überlagern können. Jedes der fünf Mitglieder besitzt eine eigenständige nationale Rechtsordnung. Diese werden durch internationale Normen und Regeln ergänzt. Je enger die Staaten zusammenarbeiten, umso stärker ist der Bedarf an klaren Richtlinien, wie diese Kooperation vonstattengeht und funktionieren soll. Es besteht die Gefahr, dass dies zu Unübersichtlichkeit und Rechtsunsicherheit führt. Um dies zu vermeiden, kann die Errichtung eines BRICS-internen Gerichtshofs angestrebt werden.[299] Durch diese unabhängige Schlichtungsstelle könnten rechtliche Unklarheiten aus dem Weg geräumt werden. Den einzelnen Staaten würde eine Möglichkeit gegeben werden, diese Stelle bei juristischen Problemen, die einen Zusammenhang mit der BRICS aufweisen, aufzusuchen. Momentan ist es so, dass Regelungen der BRICS durch die vorgesehenen nationalen Mechanismen ins innerstaatliche Recht umgesetzt werden. Daher sind die nationalen Gerichte bei Streitigkeiten mit der Aufgabe betraut, diese Gesetze auszulegen und in Hinblick auf die Organisation eine Entscheidung zu treffen. An einen gemeinsamen Gerichtshof könnte diese Kompetenz übertragen werden. Dabei würde zwar jeder Mitgliedstaat für sich betrachtet das Recht zur

[299] *M. Sornajarah*, (FN 88), 290.

Auslegung und richterlichen Entscheidung verlieren, dies allerdings zugunsten einer unabhängigen Rechtsinstanz, deren Rechtsprechung aber alle fünf Länder gleichermaßen unterliegen.

Neben diesen potentiellen Vorschlägen für eine weitere Institutionalisierung wird in der Literatur immer wieder auch darüber diskutiert, dass der Handel innerhalb der BRICS gefördert und weiter ausgebaut werden müsse. Vorschläge zur Schaffung einer BRICS-Freihandelszone hat es zwar in der Vergangenheit immer wieder gegeben, allerdings wurden diese Bestrebungen bis dato nicht konkretisiert. Zurückzuführen sei dies auf die Befürchtungen von Brasilien, Russland, Indien und Südafrika, dass dadurch zusätzliche Handelsdefizite und eine noch stärkere wirtschaftliche Abhängigkeit gegenüber China eintreten würde.[300] Klare Regelungen und das Verfolgen gegenseitiger Interessen könnten dem vorbeugen. Zweifelsohne würden von guten und intakten Handelsbeziehungen alle fünf Mitgliedstaaten profitieren, wenn diese auf den Prinzipien Gerechtigkeit und Fairness beruhen.

In Summe gesehen sind all diese Punkte nur mögliche Ansätze und potentielle Chancen für eine noch stärkere Zusammenarbeit in der Zukunft. Einzeln betrachtet ist die Umsetzung dieser Entwicklungsmöglichkeiten unterschiedlich wahrscheinlich. Fakt ist aber, dass jede einzelne dazu beitragen würde, die Kooperation zu festigen und damit das Ansehen und die Akzeptanz der Gruppe erhöhen würde. Welche Maßnahmen umgesetzt werden und welcher Weg damit eingeschlagen wird, ist Sache der BRICS allein. Einerseits wird es hierfür entscheidend sein, welche Erfolge die Organisation in Zukunft feiern kann. Andererseits wird es davon abhängen, wie sich das Verhältnis der Gruppe untereinander sowie die Beziehungen der einzelnen Länder mit ihren umliegenden Nachbarstaaten und anderen globalen Playern (Weltmächte, Internationale Organisationen, Institutionen) entwickeln werden.

[300] *M. Prys-Hansen/D. Nolte*, (FN 111), 4.

### b. Projekte und Vorhaben

Die Zusammenarbeit der BRICS ist seit dem ersten Gipfeltreffen im Jahr 2009 nicht nur gut angelaufen, sondern hat sich stetig weiterentwickelt und hat sich auf dementsprechend viele verschiedene Bereiche ausgeweitet. Jene Themen, denen sich die BRICS im Rahmen des 10. Treffens der Staatschefs in Johannesburg im vergangenen Jahr gewidmet hat, umfassen eine breite Palette. Daher wird es nicht möglich sein, in diesem Kapitel alle Aspekte beleuchten zu können. Die folgenden Beispiele sollen der Veranschaulichung dienen, welche Aufgabenstellungen aktuell auf der Agenda der BRICS stehen. Einige der zentralen Anliegen sind bereits im früheren Verlauf dieser Arbeit genannt worden. Dazu können die Aufrechterhaltung des Weltfriedens, die Stärkung der UN, Achtung der Menschenrechte, das Bestreben zur Reformierung der bestehenden Weltordnung sowie weltweite gegenseitige Unterstützung als exemplarische Beispiele genannt werden. Eines der zentralen Themen des 10. Gipfeltreffens war der Umgang mit der 4. Revolution der industriellen Entwicklung.[301] Künstliche Intelligenz, die sich ständig weiterentwickelnde Technologisierung und Automatisierung bestimmen das Leben der Menschen in zunehmendem Maße. Zweifelsohne handelt es sich dabei um ein Thema, das nicht nur brandaktuell ist, sondern in den kommenden Jahren noch viel stärker in den Fokus rücken wird. Das ist auch der BRICS nicht verborgen geblieben. Daher wurde die Errichtung der BRICS Partnership on New Industrial Revolution (PartNIR) beschlossen. Diese dient dazu, die Kooperation innerhalb der BRICS in Bezug auf Digitalisierung, Industrialisierung, technische Innovation und weiterer Entwicklungsmöglichkeiten zu erhöhen. Durch dazu eigens eingesetzte Arbeitsgruppen sollen Strategien ausgearbeitet werden, aktuelle Tendenzen untersucht werden und diese Ergebnisse in Berichten festgehalten werden, um die BRICS auf dem aktuellsten Stand halten zu können. Die fünf Länder sollen insofern von dieser Arbeit profitieren, als damit angestrebt wird, komparative Vorteile zu erzielen, die wirtschaftliche Entwicklung voranzutreiben, die wirtschaftliche

[301] 10th BRICS Summit Johannesburg Declaration, (FN 194), 2018.

Transformation der BRICS-Staaten zu fördern und die nachhaltige industrielle Produktionskapazität zu steigern. Außerdem soll ein Kooperations-Netzwerk enstehen und die Förderung von kleinen und mittelständischen Unternehmen unterstützt werden. Mit der Schaffung von Wissenschaftsparks und Technikzentren sind dazu erste Schritte beschlossen worden, um in Bezug auf die Infrastruktur jene Grundlage zu schaffen, die zur Erreichung der Ziele notwendig sein wird. In der Zusammenarbeit der BRICS-Länder intern sowie mit anderen Schwellen- und Entwicklungsländern wird eine absolute Notwendigkeit gesehen, um den Herausforderungen und Problemstellung der neuartigen Technologie trotzen zu können. Da deren langfristige Auswirkungen selbst für Wissenschaftler und Experten derzeit noch nicht absehbar sind, ist die BRICS darum bemüht, auf diesem Gebiet Untersuchungen anzustreben, um mit der Zeit gehen zu können. Passend zu diesem Thema ist auf das Bestreben der BRICS zur Errichtung eines eigenen Internets bereits unter Kapitel 5.1. näher eingegangen worden. Der BRICS geht es darum, Alternativen zu schaffen, bestehende Systeme kritisch zu hinterfragen und eigene Lösungsmöglichkeiten zu entwickeln.

Der Fokus dieser Entwicklungen liegt vor allem darauf, stärkere Unabhängigkeit zu erlangen. In der Vergangenheit ist von Seiten der BRICS immer wieder kritisiert worden, dass bestehende Institutionen von westlichen Großmächten kontrolliert werden und Schwellen- und Entwicklungsländer bei deren Entscheidungen benachteiligt werden. Stark betroffen ist davon der Finanzsektor. Der Wunsch der BRICS, bestehende internationale Einrichtungen zu reformieren und dabei für mehr Gerechtigkeit zu sorgen, hat sich zwischen den Jahren 2009 und 2018 nicht verändert.[302] Die Entwicklung einer BRICS-internen Kryptowährung dient dazu, der Abhängigkeit von den USA auf diesem Gebiet entweichen zu können.[303] Derselbe Zweck wird mit den Bestrebungen zur Errichtung einer Rating-Agentur für die fünf

[302] 10th BRICS Summit Johannesburg Declaration, (FN 194), 2018.
[303] *A. Garrie*, (FN 195), 2017.

BRICS-Staaten verfolgt.[304] Die etablierten Rating-Agenturen sind allesamt in den USA angesiedelt. Insbesondere von Russland und China wird immer wieder der Vorwurf laut, dass sie keine fairen, im Extremfall sogar politisch gelenkte, Bewertungen vornehmen würden. Die BRICS hat daher ihre Bemühungen intensiviert, eigene Agenturen zu gründen. Sollte deren Errichtung tatsächlich Realität werden, sind vor allem zwei Punkte wichtig. Zum einen muss sichergestellt werden, dass die Rating-Agenturen von Investoren ernst genommen werden. Zum anderen muss vermieden werden, dass diesen selbst der Vowurf von politischer Einflussnahme gemacht wird. Gelingt diese Umsetzung, kann dieses Vorhaben durchaus von Erfolg gekrönt sein. Entscheidend wird es für die BRICS hierfür sein, möglichst viele Staaten auf ihre Seite zu ziehen. Das wird gelingen, wenn sie einen fairen, transparenten und wettbewerbsfähigen Mechanismus für die Agenturen auf die Beine stellen vermag. Aber natürlich sind mit diesen Projekten auch eine Vielzahl an Aufgaben und Problemstellungen verbunden. Vor allem handelt es sich dabei nicht um Vorhaben, die binnen kurzer Zeit auf die Beine gestellt werden können. So mag es auch wenig verwundern, dass die Errichtung von eigenen Rating-Agenturen bereits erstmals 2016 diskutiert wurde. Es bedarf absoluter Willensstärke und Einigkeit, um ein solches Konzept in vernünftiger Weise umsetzen zu können.

Der Umfang jener Projekte, für die finanzielle Unterstützung von der NDB bereits genehmigt wurde, ist breit. Eine Übersicht zeigt, dass alle fünf Mitgliedstaaten verschiedene Aktionen am Laufen haben, die von der NDB monetär gefördert werden. Daher lässt sich festhalten, dass alle fünf Mitglieder von der Entwicklungsbank profitieren und aus deren Errichtung einen gemeinsamen Nutzen ziehen. Genau dafür ist die Entwicklungsbank auch ins Leben gerufen worden. Insofern kann nach den ersten Jahren eine positive Bilanz gezogen werden und zweifelsohne gesagt werden, dass sie ihren Sinn und Zweck absolut erfüllt. Der Fokus liegt dabei auf umweltfreundlichen, ressourcenschonenden und aus ökologischer Sicht wichtigen Vorhaben der einzelnen Mitglieder. Wie bereits bei der

---

[304] *M. Prys-Hansen/D. Nolte*, (FN 111), 3f.

Analyse der NDB aufgezeigt wurde, gibt es keine strikten Vorgaben, wofür Kredite genehmigt werden. Stets ist in Hinblick auf Sinn und Zweck der Entwicklungsbank Rücksicht zu nehmen und nach diesen Gesichtspunkten eine rationale Entscheidung zu treffen. Diese Vorhaben können die soziale Infrastruktur, die Errichtung von Transportwegen, die Landwirtschaft, den Umweltschutz oder die Gewinnung erneuerbarer Energie betreffen. Für das russische Projekt *Volga* wurde vor etwa einem Jahr eine finanzielle Unterstützung in Höhe von 320 Millionen US-Dollar genehmigt.[305] Damit soll der Wasserverschmutzung, die eines der bestimmendsten ökologischen Probleme Russlands darstellt, entgegengetreten werden. In fünf Städten, die sich entlang der russischen Volga befinden, werden dabei die Wasserversorgung und sanitäre Systeme modernisiert, um negative ökologische Auswirkungen zu minimieren und die Gesundheit für die Bevölkerung zu erhöhen. Das Projekt steht mit einer geplanten Umsetzung zwischen den Jahren 2019 und 2024 unter einer längerfristigen Ausrichtung. Das ist aber nur eines von vielen Projekten, die man an dieser Stelle genauso hätte nennen können. Das zeigt die Wichtigkeit und hohe Bedeutung der NDB innerhalb der BRICS. Ihr Funktionieren ist gewährleistet und die Entwicklungsbank hat bereits in der Vergangenheit bewiesen, dass sie einen wichtigen Beitrag dazu liefert, ihre Mitglieder in finanzieller Hinsicht deutlich entlasten zu können. Das führt dazu, dass immer mehr Projekte umgesetzt werden können, welche ohne der NDB aus finanziellen Gründen nicht bewältigbar gewesen wären. Als nicht unwesentliches Kriterium setzt die Entwicklungsbank bei der Vergabe von Krediten auf absolute Transparenz. Auf der offiziellen Homepage der NDB findet sich eine detaillierte mit allen derzeit laufenden Projekten sowie genauen Informationen dazu. Außerdem erhält man Informationen über den aktuellen Stand des Vorhabens, also ob beispielsweise die Vergabe eines Kredits bereits beschlossen worden ist oder darüber erst abgestimmt werden muss.

---

305 New Development Bank, Official Homepage, < https://www.ndb.int/projects-volgarussia/> (18.04.2019).

Auch in sozialer Hinsicht konnten beim 10. Gipfeltreffen der BRICS einige richtungsweisende Maßnahmen beschlossen werden. Eine eingerichtete Arbeitsgruppe zum Thema Tourismus soll dazu beitragen, den kulturellen Austausch zwischen den BRICS-Staaten weiter zu erhöhen. Dazu sollen der Tourismus und der Handel gestärkt werden. Mit der Schaffung des *BRICS Women's Forum* und der *BRICS Women's Business Alliance* soll dazu beigetragen werden, geschlechtliche Ungleichbehandlung zu bekämpfen und einen Beitrag zur Gender-Debatte zu leisten. Wie aus den Namen der Einrichtungen bereits hervorgeht, steht die Rolle der Frau im Mittelpunkt. Dabei verschweigt die BRICS auch gar nicht, dass in den Mitgliedstaaten Unterschiede bei der Behandlung von Frauen und Männern existieren. Deswegen soll ein Schwerpunkt gesetzt werden, der dieser Entwicklung entgegenwirkt und mit dem Gleichheit und Gerechtigkeit angestrebt werden.

Nochmals muss darauf hingewiesen werden, dass es sich bei diesen Projekten lediglich um eine stark komprimierte Auswahl handelt. In einer Gesamtbetrachtung lässt sich festhalten, dass die BRICS ihre Zusammenarbeit auf immens viele verschiedene Bereiche ausgeweitet hat. Dazu hat sie die Zeichen der Zeit erkannt und es sich zur Aufgabe gemacht, aktuellen globalen Problemen zu trotzen und hierfür geeignete Lösungen zu finden. Die Tendenz geht dahin, diese Zusammenarbeit in Zukunft noch weiter zu stärken. Die BRICS wird von diesem Zusammenhalt noch stärker profitieren und auch die einzelnen Mitgliedstaaten werden daraus Vorteile ziehen können.

### c. Die BRICS und ihre zukünftige Stellung

Die entscheidende Frage für die BRICS wird in Zukunft sein, ob sie ihr gewaltiges politisches und wirtschaftliches Potential in konkreten und stärkeren Einfluss umwandeln kann. Dazu wird es notwendig sein, dass die fünf Mitglieder der Organisation noch stärker zusammenwachsen, sich zentraler Problemfelder annehmen und bei politisch heiklen Themen gleichermaßen Einigkeit wie

Zusammenhalt demonstrieren. Dann wird es für die globalen Großmächte unausweichlich sein, eine vernünftige Gesprächsbasis mit der BRICS zu finden und eine konstruktive Kooperations-Basis aufzubauen. Ein Problem war in der Vergangenheit, dass die einzelnen Mitglieder der Vereinigung zwar anerkannt worden sind, die Organisation als solche aber nicht in jenem Maße, das ihr eigentlich zusteht. So hat es vor allem die EU in der Vergangenheit verabsäumt, eine BRICS-Strategie zu entwickeln, obwohl die Union davon ebenfalls profitieren würde. Vielmehr stand für die EU die Zusammenarbeit mit den fünf Mitgliedern als einzelne Staaten stets im Vordergrund. Deshalb obliegt es Brasilien, Russland, Indien, China und Südafrika im gemeinsamen Verbund selbst, den Fokus auf die Vereinigung zu lenken. Ihnen muss es in erster Linie darum gehen, die Akzeptanz der BRICS als Internationale Organisation global zu festigen. Im Verlauf der Arbeit wurde aufgezeigt, dass sie als solche mittlerweile zu charakterisieren ist. Allerdings herrschen diesbezüglich in globaler Hinsicht noch zu starke Unsicherheit und Zweifel. Die BRICS muss alles daransetzen, diese Unklarheit restlos zu beseitigen. Als mögliche Ansätze zur Lösung dieses Problems scheinen zwei Wege möglich. Einerseits würde der Abschluss eines offiziellen Gründungsdokuments alle Zweifel zunichtemachen. Darin könnte eine explizite Regelung diesbezüglich getroffen werden. Als zweite Alternative könnte ein ähnlicher Weg wie jener der OSZE verfolgt werden. Auch diese Organisation funktioniert trotz des Fehlens eines Gründungsdokuments seit Jahrzehnten ohne Einschränkungen. Der Grund liegt darin, dass sie von anderen Völkerrechtssubjekten als Internationale Organisation behandelt wird. Im Falle der BRICS kann dies etwa dadurch geschehen, dass die Vereinigung bilaterale Abkommen mit Staaten und anderen Internationalen Organisationen abschließt. Dazu ist es nötig, dass die Gruppe die Zusammenarbeit mit anderen Ländern weiter vertieft und dabei stark zum Ausdruck bringt, dass bei der BRICS nicht die einzelnen Mitglieder im Vordergrund stehen, sondern die Organisation als solche. Das muss speziell bei wichtigen internationalen Treffen der Fall sein. Bestes Beispiel hierfür ist die UN. Wenn die BRICS als vereinter Block auftritt und demonstrativ ihren Zusammenhalt verdeutlicht, kann die Organisation hier deutlich an Einfluss gewinnen. In der Vergangenheit hat dies nämlich nicht immer tadellos geklappt. Gezeigt werden kann dies am Beispiel Indien, das in der Vergangenheit wiederholt den Anspruch auf einen Platz als ständiges Mitglied im UN-Sicherheitsrat gestellt hat.[306] Das Land zählte zwar 1945 als Gründungsmitglied der UN, konnte aber als damalige Kolonie unter britischer Herrschaft kein ständiges Mitglied des Sicherheitsrats werden. Der nunmehrige behauptete Anspruch darauf wird von indischen Regierungen damit begründet, dass Indien seit dieser Zeit die UN aktiv unterstützt und innenpolitisch mit den Werten Pluralismus sowie Diversität eine große Errungenschaft in puncto Demokratie erreichen konnte. Außerdem sei eine Reform nötig, um den geänderten Verhältnissen des 21. Jahrhunderts Rechnung tragen zu können und jenen Ländern mehr Mitspracherechte einzuräumen, die ihren Einfluss stetig steigern konnten und eine positive Entwicklung genommen haben.[307] Unterstützt wird Indien bei seinem Vorhaben von den fünf ständigen Sicherheitsrat-Mitgliedern, allen voran Russland und China, das in der Vergangenheit als Rivale Indiens galt.[308] Tatsächlich durchgesetzt werden konnte diese geplante Änderung allerdings bis heute nicht. Dabei sieht sich Indien selbst aufgrund seines wirtschaftlichen Potentials, seiner finanziellen Lage und seiner globalen Rolle im Recht, den Status eines ständigen Mitglieds einzufordern.[309] Die ständigen Mitglieder sind zwar bilaterale Partnerschaften mit Indien eingegangen, ein ständiger Sitz im Sicherheitsrat ist für das Land bei aktuellem Stand der Dinge nicht in Aussicht.[310] Dabei gilt Indien als eine treibende Kraft der UN, die Initiativen der Organisation stets tatkräftig unterstützt hat, für die Stärkung und positive Entwicklung eingetreten ist und bei der Ausführung ihrer Missionen einen essentiellen Beitrag leistet.[311] Für

---

306 *C. Wagner*, Indien im UN-Sicherheitsrat: Engagiertes Mitglied mit starken nationalen Interessen, 15, in Vereinte Nationen, 1/2013, 15-18.
307 *M. Dabhade*, India's Pursuit of United Nations Security Council Reforms, 64ff, in Rising Powers Quarterly, 3/2017, 63-79.
308 *C. Wagner*, (FN 305), 16.
309 *M. Dabhade*, (FN 306), 69f.
310 *C. Wagner*, (FN 305), 18.
311 *M. Dabhade*, (FN 306), 64.

die BRICS wird es in Zukunft entscheidend sein, ob sie innerhalb der UN einen stärkeren Zusammenhalt demonstrieren kann. In der Vergangenheit ist es nämlich zu selten vorgekommen, dass die BRICS – sofern alle fünf Länder als ständige und nichtständige Mitglieder im Sicherheitsrat vertreten waren – ein koordiniertes und gemeinsames Abstimmungsverhalten an den Tag gelegt haben.[312] Vielmehr folgten die einzelnen Staaten bei diesen Abstimmungen zu internationalen Krisenherden und Brennpunkten ihren eigenen außenpolitischen Interessen. Westliche Kritiker haben in diesem Verhalten ein Argument gegen die Erweiterung des UN-Sicherheitsrats gesehen. Schließlich führt eine höhere Anzahl an ständigen Mitgliedern zu verzögerten Entscheidungen. Daher wird es entscheidend sein, welche Strategie die BRICS diesbezüglich in Zukunft verfolgen wird. Wenn die Initiative von Russland und China zur Unterstützung Indiens bei der Reformierung des Sicherheitsrats von Erfolg gekrönt wäre, würden drei Staaten der BRICS als permanente Mitglieder im UN-Sicherheitsrat sitzen. Für den Stellenwert der Organisation wäre das ein großer Schritt. Im Gegensatz dazu ist es wenig hilfreich, wenn die Länder bei Abstimmungen keine Einigkeit zeigen und jedes Mitglied lediglich seine eigenen Interessen verfolgt. Selbiges gilt für Stimmenthaltungen, wie sie in der Vergangenheit bei heiklen Themen immer wieder vorgekommen sind. Hier wäre es von Vorteil, wenn die BRICS vor solchen Abstimmungen intern gemeinsam einen Lösungsansatz entwickelt und diesen dann demonstrativ als Einheit verfolgt.

Hilfreich für eine gesteigerte Akzeptanz wäre mit Sicherheit zudem, wenn die BRICS den Prozess der Institutionalisierung weiter vorantreiben würde. Dies kann über die Einsetzung von weiteren Organen geschehen. Mit welchen Funktionen diese ausgestattet werden, obliegt der Organisation selbst. Das Wichtigste für die Zukunft der BRICS wird sein, dass die Mitgliedstaaten mit voller Überzeugung und vereinten Kräften daran arbeiten, die Organisation weiter zu entwickeln. Dazu müssen sie auch in Kauf nehmen, einen Teil ihrer nationalen Souveränität abzugeben. Nur wenn alle fünf Staaten an einem gemeinsamen Strang ziehen und davon überzeugt sind, dass

---

[312] *C. Wagner*, (FN 305), 17.

der gemeinsame Weg auch in Zukunft Erfolg bringen wird, können die ambitionierten Ziele der Organisation realisiert werden. Dazu muss auch angestrebt werden, die einzelnen Konfliktherde im Zaum zu halten. Es wurde deutlich, dass vor allem die Beziehungen zwischen Russland und China sowie China und Indien aufgrund historischer Ereignisse vorbelastet sind. Diese Spannungen sollten im Idealfall als das eingeordnet werden, was sie sind: Vergangenheit. Aktuell konkurrieren China und Indien auf dem wirtschaftlichen Markt miteinander. Bei beiden Ländern handelt es sich um aufstrebende Großmächte, die in der Vergangenheit einen immensen ökonomischen Aufschwung erlebt haben. Das birgt ein gewisses Kofliktpotential. Anstatt gegenseitig zu konkurrieren, wäre es für beide von Vorteil, das gemeinsame Potential auszunützen, Energien zu bündeln und gemeinsam zu wachsen. Querulatorisches Verhalten und ein permanentes Gegeneinander werden nicht zur Stärkung der BRICS beitragen. Vielmehr sollte auf den gemeinsamen Erfolgen der Vergangenheit aufgebaut werden und ein friedvolles Miteinander angepeilt werden. Gelingt dies, wird es für die globalen Großmächte keinen anderen Weg geben, als mit BRICS zu kooperieren und ihr jene Stellung einzuräumen, die ihr zusteht.

## 8. Conclusio

Die Vereinigung BRICS hat in den letzten Jahren eine enorme Entwicklung genommen. Die fünf Länder haben es verstanden, dass sie ihr gewaltiges Potential vereinen können und dadurch ihre Stärken noch mehr zur Geltung bringen können. Die Organisation ist als strategisches Konzept zu Beginn des 21. Jahrhunderts auf dem Papier entstanden, um die Entwicklungsmöglichkeiten der Staaten Brasilien, Russland, Indien und China zu verdeutlichen. Auf Initiative Russlands wurde dann ein gemeinsamer Weg eingeschlagen, der mit dem Gipfeltreffen der Staatschefs 2009 einen ersten Höhepunkt genommen hat. Die Zusammenarbeit wurde danach intensiviert, 2011 stieß Südafrika als fünftes Mitglied zur Gruppe. Seit dieser Zeit hat sich die Kooperation auf viele Bereiche ausgeweitet, BRICS ist damit eindeutig mehr als ein wirtschaftliches oder politisches Forum. Zu verwurzelt ist dafür die Partnerschaft der fünf Länder mittlerweile. Ein wichtiges Jahr stellte für die Organisation 2014 dar. Mit der Errichtung der NDB und des CRA wurden erste wichtige Schritte zu einer Institutionalisierung unternommen. Bereits damals war abzusehen, dass die BRICS auch in Zukunft zusammenarbeiten wird. Dieser Weg ist bis in die Gegenwart konsequent verfolgt worden und hat der Organisation einige Erfolge gebracht. Im Laufe der Zeit hat sich die völkerrechtliche Stellung der BRICS stetig verändert. Zunächst war sie informelles politisches Forum. Mit der schrittweise einsetzenden Institutionalisierung und den zunehmenden Aktivitäten sowie Arbeitsplänen hat sich die Gruppe weiterentwickelt. In der vorliegenden Arbeit war die Frage federführend, ob die BRICS aus aktueller Perspektive und insbesondere aus russischer Sicht mittlerweile als Internationale Organisation klassifiziert werden kann oder nicht. Grundsätzlich bedarf es hierfür dreier wesentlicher Kriterien.

Erstens muss die Organisation auf einem völkerrechtlich anerkannten Instrument, im Regelfall auf einem multilateralen Vertrag, beruhen. Zweitens benötigt sie mindestens ein Organ. Drittens muss dieses Organ dazu in der Lage sein, einen eigenständigen und damit einen sich von den Mitgliedstaaten abhebenden Willen bilden zu können. Nach einer eingehenden Analyse und Auswertung der Ergebnisse kann das Vorliegen dieser drei Elemente bejaht werden.

Allerdings haben sich dabei einige offene Problemstellungen ergeben. Eine wesentliche Frage war, ob für die Einordnung zu einer Internationalen Organisation das Vorliegen eines Gründungsvertrags zwingend notwendig ist. Geht man davon aus, wäre die Untersuchung bereits an früher Stelle abzubrechen gewesen, weil es der BRICS an einem solchen mangelt. Vor allem ältere völkerrechtliche Definitionen beharren auf diesem Standpunkt. Anhand von Beispielen wurde diese Sichtweise aber widerlegt. Es muss nämlich berücksichtigt werden, dass die Zahl an Internationalen Organisationen in den letzten Jahren rasant gestiegen ist. Dabei handelt es sich keineswegs um ein starres System, das keinen Veränderungen unterliegt. Vielmehr ist deren Palette immer breiter geworden und es haben sich neue Formen der Zusammenarbeit ergeben. Auch muss auf die besondere Vergangenheit der BRICS Rücksicht genommen werden. Ihren ersten Anschub hat sie von einer externen Kraft bekommen. Besonders anschaulich wurde am Beispiel der OSZE erläutert, dass ein Gründungsvertrag nicht notwendig ist. Die OSZE funktioniert seit Jahrzehnten ohne solchen einwandfrei. Jenes völkerrechtliche Instrument, das eine derartige Entwicklung möglich macht, ist das Völkergewohnheitsrecht. In Anbetracht dieser Argumente gilt auch für die BRICS, dass das Fehlen eines offiziellen Gründungsdokuments nicht zulasten der Organisation ausgelegt werden darf und aufgrund ihrer einzigartigen Charakteristik nicht darauf geschlossen werden soll, dass es sich bei ihr um keine Internationale Organisation handelt.

Weniger strittige Punkte gab es in Bezug auf die anderen beiden Kriterien. Mit der NDB und dem CRA verfügt die BRICS über zwei Organe. In erster Linie erfüllen sie finanzielle Funktionen. Mit der NDB soll die Finanzierung von verschiedenen Projekten durch monetäre Beiträge gefördert werden. Das CRA dient als Reservefonds zu Sicherheitszwecken bei finanziellen Engpässen. Auf deren Aufbau,

Struktur und Funktionsweise wurde in den jeweiligen Kapiteln näher eingegangen. Zu guter Letzt wurde aufgezeigt, dass diese beiden Organe dazu in der Lage sind, einen von den einzelnen Mitgliedstaaten autonomen Willen bilden zu können. Bei der NDB findet sich diesbezüglich eine ausdrückliche Regelung in ihrem Statut. Auch beim CRA wurde nachgewiesen, inwiefern eine derartige Willensbildung bejaht werden kann.

Somit lässt sich zusammenfassend festhalten, dass es sich bei der BRICS um eine Internationale Organisation handelt. In Zukunft wird es entscheidend sein, ob sie ihr enormes Potential noch stärker in politisches Mitspracherecht umwandeln kann. Zentral werden hierfür drei Punkte sein. Erstens muss die Gruppe noch stärker zusammenwachsen, sich gemeinsamen Aufgaben stellen und vor allem auf internationaler Bühne vermehrt Stärke und Einigkeit vermitteln. Zweitens sollte der Weg der Institutionalisierung weiterverfolgt werden. Mit der Einrichtung von weiteren Organen kann die Zusammenarbeit auf eine neue Stufe gehoben werden. Dabei müssen die einzelnen Mitgliedstaaaten akzeptieren, dass hiermit Einbußen in Bezug auf die nationale Souveränität verbunden sind. Drittens ist es wichtig, dass die Organisation bei den übrigen Völkerrechtssubjekten, in erster Linie Staaten und andere Internationale Organisationen, noch mehr Akzeptanz findet und BRICS allein in den Vordergrund bei Verhandlungen tritt. Gelingt die Umsetzung dieser Schritte, steht der Gruppe eine erfolgreiche Zukunft bevor. Davon profitieren in weiterer Folge die einzelnen Mitgliedstaaten, was positive Auswirkungen auf den gesamten globalen Zyklus haben wird. Insofern ist es auch für die EU und die UN an der Zeit, das System der BRICS angemessen zu würdigen.

## Literaturverzeichnis

*A. Abashidze/A. Solntsev/E. Kiseleva*, Legal Status of BRICS and Some Trends of International Cooperation, in Indian Journal of Science and Technology, 9/2016, 1-9.

*I. Andronova/A. Shelepov*, Engagement between the New Development Bank and Other Development Banks: A Formal Basis for Future Cooperation, in International Organisations Research Journal, 13/2018, 99-113.

*M. Antonov*, Systematization of Law: The BRICS Context and Beyond, in BRICS Law Journal, 1/2015, 7-14.

*Ye. Astakhov*, Although Very Different, the BRICS Members Stick Together, in International Affairs, 5/2018, 107-116.

*R. Asuelime*, From Delhi, Durban to Fortaleza: The Birth of New Development Bank and the Contingent Reserve Agreement, in Journal of African Union Studies, 1/2018, 189-209.

*M. Beham/M. Fink/R. Janik*, Völkerrecht verstehen, Wien, 2015.

*L. Berg*, The establishment of legal rules as an element of the system of legal influence: An instrumental approach, in BRICS Law Journal, 3/2018, 114-134.

*R. Bindschedler*, International Organizations, General Aspects, in R. Bindschedler, International Organizations in General Universal International Organizations and Cooperation, Amsterdam, 1983, 119-140.

*M. Bode*, Der IWF im Wandel – Rückkehr zu einem neuen System, Tübingen, 2017.

*P. Bond*, BRICS banking and the debate over sub-imperialism, in Third World Quarterly, 37/2016, 611-629.

*BRICS Business Council* – Official Homepage, <https://www.bricsbusinesscouncil.in/> (26.03.2019).

*BRICS Legal Forum* – Official Homepage, <http://bricslegalforum2018.org/about-brics-legal-forum-2018/> (27.03.2019).

*Bundesministerium für Europa, Integration und Äußeres*, OSZE, 2019, <https://www.bmeia.gv.at/europa-aussenpolitik/sicherheitspolitik/osze/> (04.04.2019).

*Business Dictionary,* doctrine of implied powers, 2019, <http://www.businessdictionary.com/definition/doctrine-of-implied-powers.html> (28.03.2019).

*Central Intelligence Agency* (US), The World Factbook, 2019, <https://www.cia.gov/library/publications/the-world-factbook/geos/rs.html> (21.03.2019).

*S. Chakraborty*, Significance of BRICS: Regional Powers, Global Governance, and the Roadmap for Multipolar World, in Emerging Economy Studies, 2/2018, 182-191.

*D. Chaudhury*, BRIC aims to create a just and equitable world order, in International Affairs, 1/2009, 51-56.

*E. Contipelli/S. Picciau*, BRICS Members' Interests and Priorities for Cooperation, in International Organisations Research Journal, 2/2015, 120-128.

*A. Cooper*, The BRICS: A very short introduction, Oxford, 2016.

*A. Cooper*, The BRICS' New Development Bank: Shifting from Material Leverage to Innovative Capacity, in Global Policy, 8/2017, 275-284.

*E. Crome*, Chinas Aufstieg und die BRICS-Gruppe, in WeltTrends – Das außenpolitische Journal, 136/2018, 26-31.

*M. Dabhade*, India's Pursuit of United Nations Security Council Reforms, in Rising Powers Quarterly, 3/2017, 63-79.

*M. Daytan*, Financial und Economic Indicators of Russia within BRICS, in RUDN Journal of Economics, 05/2013, 35-42.

*S. Eckert*, EU, in K. Freistein/J. Leininger, Handbuch Internationale Organisationen, München, 2012, 94-105.

*F. Engdahl*, Russland und die neue Vernetzung Eurasiens, Rottenburg, 2016.

*R. Feinberg*, Institutionalized Summitry, in The Oxford Handbook of Modern Diplomacy, Oxford, 2013, <http://www.oxfordhandbooks.com/view/10.1093/oxfordhb/9780199588862.001.0001/oxfordhb-9780199588862-e-17?print=pdf> (22.03.2019).

*S. Fortescue*, The BRICS and Russia, in V. Io Lo/M. Hiscock, The Rise of the BRICS in the Global Political Economy: Changing Paradigms?, Cheltenham, 2014, 228-240.

*A. Garrie*, BRICS in talks to create own cryptocurrency in another blow to US Dollar, in The Duran, 2017, <http://theduran.com/brics-talks-create-crypto-currency-another-blow-us-dollar/> (03.04.2019).

*U. Ghori*, The BRICS+: Fault lines and opportunities, in V. Io Lo/M. Hiscock, The Rise of the BRICS in the Global Political Economy: Changing Paradigms?, Cheltenham, 2014, 191-218.

*C. Goko/R. Vollgraaff*, BRICS GDP Rivals U.S. as O'Neill's View Is Almost Realized, 2018, <https://www.bloomberg.com/news/articles/2018-07-25/brics-gdp-rivals-u-s-as-o-neill-s-view-is-almost-realized> (17.03.2019).

*Goldman Sachs Global Economics Group*, BRICs and Beyond, 2007, <https://www.goldmansachs.com/insights/archive/archive-pdfs/brics-book/brics-full-book.pdf> (18.03.2019).

*W. Grabowski*, Russland und die BRICS, in WeltTrends – Das außenpolitische Journal, 136/2018, 32-36.

*O. Grishin/A. Dukhareva*, Russia and BRICS: some Trends and Prospects, in Post-Soviet-Issues, 4/2017, 41-48.

*M. Herdegen*, §10. Internationale Organisationen, in Völkerrecht[17], München, 2018, <https://ebibliothek.beck.de/Dokument?vpath=bibdata%2Fkomm%2FHerHdbVoelker_17%2Fcont%2FHerHdbVoelker.glsect10.gl1.gla.htm> (28.03.2019).

*M. Hiscock/V. Io Lo*, Conclusions: The BRICS – Ascendancy, decline or plateu?, in V. Io Lo/M. Hiscock, The Rise of the BRICS in the Global Political Economy: Changing Paradigms?, Cheltenham, 2014, 308-312.

*K. Hopewell,* The BRICS — merely a fable? Emerging power alliances in global trade governance, in International Affairs, 6/2017, 1377-1396.

*G. Ilik/M. Gjurovski*, The BRICS: A quest for common values, in Horizons Series A, 18/2015, 123-132.

*International Bank for Reconstruction and Development*, Subscriptions and Voting Power of Member States, 2019, <http://pubdocs.worldbank.org/en/795101541106471736/IBRDCountryVotingTable.pdf> (02.04.2019).

*International Monetary Fund*, Official website, 2019, <https://www.imf.org/external/np/sec/memdir/members.aspx#total> (10.04.2019).

*international organization*, Britannica Academic, Encyclopædia Britannica, 2016, <academic.eb.com/levels/collegiate/article/international-organization/42598> (14.03.2019).

*H. Jacobson*, Draft Outline of Part III of the Study for Discussion, UNESCO, United Nations Institute for Training and Research, International Expert Meeting on the Study of the Role of International organizations in the Contemporary World, Genf, 1976.

*P. Jawad*, OSZE, in K. Freistein/J. Leininger, Handbuch Internationale Organisationen, München, 2012, 199-208.

*J. Kärkönen*, BRICS as a new power in international relations?, in Geopolitics, History, and International Relations, 2/2014, 85-104.

*S. Keukeleire/B. Hooijmaaijers*, The BRICS and Other Emerging Power Alliances and Multilateral Organizations in the Asia-Pacific and the Global South: Challenges for the European Union and Its View on Multilateralism, in Journal of Common Market Studies, 3/2014, 582-599.

*S. Keukeleire/H. Bruyninckx*, The European Union, the BRICs, and the Emerging New World Order, in International Relations and the European Union[2], Oxford, 2011, 380-403.

*N. Khmelevskaya*, BRICS' Sustainable Development Dialog: Framing Contours to a Common Agenda through the Intragroup Trade, in International Organisations Research Journal, 4/2018, 74–95.

*J.J. Kirton*, BRICS Evolving Institutional Identity, Explaining the BRICS Summit‘s Solid, Strengthening Success, in International Organisations Research Journal, 2/2015, 9-31.

*J. Klabbers*, An Introduction to International Institutional Law[2], Cambridge, 2009.

*E. Klein/S. Schmahl*, Die Internationalen und die Supranationalen Organisationen, in A. Proelß/W. Vitzthum, Völkerrecht[7], Berlin, 2016, 247-359.

*Kleine Zeitung Online*, 18.04.2015, Was von der IWF-Reform übrig bleibt, <https://www.kleinezeitung.at/politik/aussenpolitik/4711444/Internationaler-Waehrungsfonds_Was-von-der-IWFReform-uebrig-bleibt> (27.03.2019).

*K. Klomegah*, Russia Pledges Strategic Partnership With BRICS, in ModernDiplomacy, 2018, <https://moderndiplomacy.eu/2018/12/30/russia-pledges-strategic-partnership-with-brics/> (21.03.2019).

*Z. Laïdi*, BRICS: Sovereignty power and weakness, in International Politics, 49/2012, 614-632.

*M. Larionova*, Cooperation for Growth and Development, in International Organisations Research Journal, 1/2018, 7-33.

*T. Lingxiao/O. Yao/H. Zexian*, The Foundation for the Establishment of the BRICS New Development Bank: Immediate Impetus and Theoretical Rationale, in Social Sciences in China, 36/2015, 40-56.

*P. Lucke*, Internationaler Währungsfonds – Strukturen, Finanztransaktionen und Konditionalität aus völkerrechtlicher Sicht, Münster, 1997.

*S. Macfarlane*, The 'R' in BRICS: is Russia an emerging power?, in International Affairs, 1/2006, 41-57.

*S. Mallavarapu*, BRICS: Hoffnung auf eine gerechte Weltordnung – Essay, <http://www.bpb.de/apuz/173791/hoffnung-auf-eine-gerechte-weltordnung> (14.03.2019).

*New Development Bank*, Official Homepage, < https://www.ndb.int/projects-volgarussia/> (18.04.2019).

*A. Newton/E. Posner*, Voluntary Disruptions: International Soft Law, Finance, and Power, Oxford, 2018.

*V. Nikonova/G. Toloraja*, Стратегия России в БРИКС: цели и инструменты, Moskau 2013.

*A. Novikov/I. Novikova*, BRICS: Financial development and economic growth, 164, in Vestnik NGUEU, 2/2018, 163-185.

*J. O'Neill*, Building Better Global Economic BRICs, London, 2001, <https://www.goldmansachs.com/insights/archive/archive-pdfs/build-better-brics.pdf> (12.03.2019).

*J. O'Neill*, The Growth Map: Economic Opportunity in the BRICs and Beyond, London, 2011.

*I. Oehler-Sincai*, The Group of BRICS countries: Is it still relevant for the world economy?, in Knowledge Horizons – Economics, 1/2018, 35-49.

*D. Peters/K. Freistein/J. Leininger*, Theoretische Grundlagen zur Analyse internationaler Organisationen, in K. Freistein/J. Leininger, Handbuch Internationale Organisationen, München, 2012, 3-27.

*M. Prys,* Realität oder Rhetorik, in Bundeszentrale für politische Bildung – Online, 2013, <http://www.bpb.de/apuz/173789/realitaet-oder-rhetorik> (17.03.2019).

*M. Prys-Hansen/D. Nolte*, BRICS und IBSA: Die Clubs der aufsteigenden Mächte verlieren an Glanz, in Giga Focus Global, 5/2016, 1-12.

*S. Racheva*, III Siberian Legal Forum: Legal Aspects of the BRICS Cooperation in a globalized world, in BRICS Law Journal, 1/2019, 159-169.

*J. Rickards*, Die Geldapokalypse: Der Kollaps unseres internationalen Geldsystems, München, 2014.

*D. Satra*, Projekt "Neue Seidenstraße": Chinas Plan für 2049, in tagesschau.de, 2019, <https://www.tagesschau.de/ausland/neue-seidenstrasse-101.html> (05.04.2019).

*T. Sommer*, Eine zweifelhafte Partnerschaft: Chinesisch-russische Beziehungen, 2018, in Zeit Online, <https://www.zeit.de/politik/ausland/2018-09/chinesisch-russische-beziehungen-usa-sanktionen-handelsstreit> (16.03.2019).

*M. Sornajarah*, The role of the BRICS in international law, in V. Io Lo/M. Hiscock, The Rise of the BRICS in the Global Political Economy: Changing Paradigms?, Cheltenham, 2014, 288-307.

*C. Starciuc*, The Importance of the BRICS Group in the International Economic System, in "Ovidius" University Annals, Economic Sciences Series, 2/2018, 59-63.

*S. Suchodolski/J. Demeulemeester*, The BRICS Coming of Age and the New Development Bank, in Global Policy, 4/2018, 578-585.

*A. Thomashausen*, Is BRICS becoming an International organisation?, IOL News Online, 2018, <https://www.iol.co.za/news/opinion/is-brics-becoming-an-international-organisation-16291598> (23.03.2019).

*A. Timofeychev*, BRICS now a full fledged organization, in Russia Beyond Online, 2015, <https://www.rbth.com/world/2015/07/10/brics_now_a_full_fledged_organization_44171> (22.03.2019).

*D. Tsikata*, The International Public Corporation: A Concept More Relevant than Ever?, in International Organizations Law Review, 14/2017, 120-153.

*M. Tyler/M. Thomas*, BRICS and mortar(s): Breaking or building the global system?, in V. Io Lo/M. Hiscock, The Rise of the BRICS in the Global Political Economy: Changing Paradigms?, Cheltenham, 2014, 253-267.

*Union of International Associations*, The Yearbook of International Organizations, 2018, <https://www.uia.org/yearbook> (03.04.2019).

*J. Varwick*, VN, in K. Freistein/J. Leininger, Handbuch Internationale Organisationen, München, 2012, 248-260.

*N. Vasilyeva*, Specifics of interaction in BRICS format, in Asia-Pacific Journal of Marine Science & Education, 7/2017, 115-122.

*A. Vazquez*, Is the BRICS Development Bank a fledging alternative to the World Bank?, in BRICS Law Journal, 3/2017, 6-34.

*C. Wagner*, Indien im UN-Sicherheitsrat: Engagiertes Mitglied mit starken nationalen Interessen, in Vereinte Nationen, 1/2013, 15-18.

*A. Wahl*, Aufstieg der BRICS: Pfade abseits des Westens, in WeltTrends – Das außenpolitische Journal, 136/2018, 20-25.

*D. Wilson/K. Trivedi/S. Carlson/J. Ursua*, The BRICs 10 Years On: Halfway Through The Great Transformation, 2011.

*D. Wilson/R. Purushothaman*, Dreaming With BRICs: The Path to 2050, 2003, <https://www.goldmansachs.com/insights/archive/archive-pdfs/brics-dream.pdf> (20.03.2019).

*M. Zakharova/V. Przhilenskiy*, Experiences of Legal Integration and Reception by the BRICS countries: Five passengers in a boat (without a dog), in BRICS Law Journal, 2/2018, 4-23.

*N. Zavyalova*, BRICS money talks: Comparative socio-cultural communicative taxonomy of the New Development Bank, in Research in International Business and Finance, 39/2017, 248-266.

## Dokumentenverzeichnis

10th BRICS Summit Johannesburg Declaration, Johannesburg, 2018, <http://www.brics.utoronto.ca/docs/180726-johannesburg.html> (03.04.2019).

Agreement on the New Development Bank, Fortaleza, 2014, <http://www.brics.utoronto.ca/docs/140715-bank.html> (08.04.2019.

BRICS and Africa: Partnership for Development, Integration and Industrialisation: eThekwini Declaration, Durban, 2013, < http://www.brics.utoronto.ca/docs/130327-statement.html> (18.03.2019).

BRICS Joint Statistical Publication 2018, Pretoria, 2018, <http://www.statssa.gov.za/wp-content/uploads/2018/11/BRICS-JSP-2018.pdf> (20.03.2019).

Bundesministerium für Europa, Integration und Äußeres, Abkommen zwischen der Republik Österreich und der Organisation für Sicherheit und Zusammenarbeit in Europa (OSZE) über den Amtssitz der Organisation für Sicherheit und Zusammenarbeit in Europa; Inkraftsetzung, 2018, <https://www.bundeskanzleramt.gv.at/documents/131008/661044/7_11_mrv.pdf/9a385fa9-4bb1-47ea-8f6b-5327dec7ff80> (04.04.2019).

Fourth BRICS Summit - Delhi Declaration, 2012, <https://www.brics2017.org/english/documents/summit/201701/t20170125_1406.html> (21.03.2019).

Gesamte Rechtsvorschrift für Vertrag über die Arbeitsweise der Europäischen Union, Nizza, 2003, <https://www.ris.bka.gv.at/GeltendeFassung.wxe?Abfrage=Bundesnormen&Gesetzesnummer=10008049> (05.04.2019).

Gesamte Rechtsvorschrift für Vertrag über die Europäische Union, Nizza, 2003, <https://www.ris.bka.gv.at/GeltendeFassung.wxe?Abfrage=Bundesnormen&Gesetzesnummer=10008048> (03.04.2019).

Joint Statement of the BRIC Countries' Leaders, Ekaterinburg, 2009, <http://www.brics.utoronto.ca/docs/090616-leaders.html> (11.03.2019).

Joint Statement of the BRICS Business Council Meeting, Johannesburg, 2013 <https://www.bricsbusinesscouncil.in/docs/documents/STATEMENT.pdf> (26.03.2019).

Kommuniqué des G7-Gipfels von Charlevoix, Charlevoix, 2018, <https://www.bundesregierung.de/resource/blob/975254/1142186/904520d4bdf51fe8369d5b0587730e63/2017-05-27-g7-erklaerung-final-deu-data.pdf?download=1> (03.04.2019).

Ministry of Foreign Affairs of the Russian Federation, Concept of participation of the Russian Federation in BRICS, 2012, <http://static.kremlin.ru/media/events/eng/files/41d452b13d9c2624d228.pdf> (17.03.2019).

New Development Bank, NDB's General Strategy: 2017 – 2021, 2017, <https://www.ndb.int/wp-content/uploads/2017/08/NDB-Strategy.pdf> (10.04.2019).

Sanya Declaration, Sanya/Hainan, 2011, <http://www.brics.utoronto.ca/docs/110414-leaders.html> (19.03.2019).

Statement by BRICS Leaders on the Establishment of the BRICS-Led Development Bank, Durban, 2012, <http://www.brics.utoronto.ca/docs/130327-brics-bank.html> (08.04.2019).

Statement by Russian President Vladimir Putin after the Plenary Session of the 5th BRICS Summit, Durban, 2012, <http://www.brics.utoronto.ca/docs/130327-putin-statement.html> (08.04.2019).

Treaty for the Establishment of a BRICS Contingent Reserve Arrangement, Fortaleza, 2014, <http://www.brics.utoronto.ca/docs/140715-treaty.html> (10.04.2019).

United Nations Regional Information Centre for Western Europe, Charta der Vereinten Nationen und Statut des Internationalen Gerichtshofs, Bonn 1973, <https://www.unric.org/html/german/pdf/charta.pdf> (28.03.2019).

VII BRICS Summit: 2015 Ufa Declaration, Ufa, 2015, <http://www.brics.utoronto.ca/docs/150709-ufa-declaration_en.html> (23.03.2019).

Kolibri 360 GmbH
Ferdinand-Jühlke-Straße 7
99095 Erfurt, Deutschland
produktsicherheit@kolibri360.de

Druck:
CPI Druckdienstleistungen GmbH
im Auftrag der
Kolibri 360 GmbH
Ferdinand-Jühlke-Str. 7
99095 Erfurt